《利用海南自由贸易港政策发展四大主导产业指南》系列丛书

利用海南自由贸易港政策发展现代服务业指南

海南省商务厅 编

海南出版社
·海口·

图书在版编目（CIP）数据

利用海南自由贸易港政策发展现代服务业指南 / 海南省商务厅编. — 海口：海南出版社，2023.11
（利用海南自由贸易港政策发展四大主导产业指南）
ISBN 978-7-5730-1411-5

Ⅰ. ①利… Ⅱ. ①海… Ⅲ. ①自由贸易区—服务业—产业发展—研究—海南 Ⅳ. ①F726.9

中国国家版本馆CIP数据核字(2023)第230388号

利用海南自由贸易港政策发展现代服务业指南
LIYONG HAINAN ZIYOU MAOYIGANG ZHENGCE FAZHAN XIANDAI FUWUYE ZHINAN

海南省商务厅　编
责任编辑　陈文惠　蒙水连
封面设计　黎花莉
印刷装订　海南永发印刷股份有限公司
出版发行　海南出版社
地　　址　海口市金盘开发区建设三横路2号
邮　　编　570216
编辑电话　0898-68567076
网　　址　http：//www.hncbs.cn
开　　本　787 mm × 1 092 mm　1/16
印　　张　12.75
字　　数　200千字
版　　次　2023年11月第1版
印　　次　2023年11月第1次印刷
书　　号　ISBN 978-7-5730-1411-5
定　　价　56.00元

编委会

前　言

2020年6月1日，中共中央、国务院印发《海南自由贸易港建设总体方案》（简称《总体方案》），提出支持海南逐步探索、稳步推进中国特色自由贸易港建设，分步骤、分阶段建立自由贸易港政策和制度体系。为了落实《总体方案》的要求，加快推进海南自由贸易港建设，激发市场活力，海南陆续出台了一系列政策。为了使海南自由贸易港政策能真正服务于市场主体，使得市场主体能够“看得懂、算得清”，用足、用好海南自由贸易港政策，海南省组织编写《利用海南自由贸易港政策发展四大主导产业指南》系列丛书。本指南为其中一册，主要聚焦现代服务业，旨在为在海南开展现代服务业经营活动的各类市场主体进行政策解读。

2021年10月13日，海南省发展和改革委员会印发了《海南省“十四五”时期产业结构调整指导意见》（琼发改产业〔2021〕780号，简称《产业结构调整意见》），提出大力发展现代服务业，着眼国内国际双循环，瞄准国际一流水平，加快服务贸易创新发展，构建海南自由贸易港现代服务业体系，并在现代物流业、医疗健康产业、现代金融业、商务服务业、教育文化体育产业五个方面提出了相关举措。本指南主要针对上述五个产业的相关政策，分十一章进行政策梳理及解读。

其中，第一章海南自由贸易港境外投资政策助力总部经济发展，主要从境外投资形式、备案流程、免税优惠及实例分析等方面进行政策梳理及解读。第二章“中国洋浦港”船籍港政策助力航运业发展，主要从政策背景、政策解读、税收优惠及便利化措施三个方面分别对海南自由贸易港国际船舶登记、船舶检验、综合质量评价及分级管理制度、海员市场、税收优惠及便利化措施等进行梳理及解读。第三章海南交通工具及游艇“零关税”政策助力交通运输业及旅游业发展，主要从政策背景、政策解读、政策实施、政策监管、实例参考五个方面分别对政策适用条件及优势、政策申请适用流程、事后配合监管义务进行解读。第四章海南自由贸易港自由贸易账户（FT账户）政策助力现代服务业开放创新，主要从政策背景、政策解读、政策优势及应用场景四个方面分别对海南自由贸易账户的特点、服务对象及便利化措施等政策进行梳理及解读。第五章海南自由贸易港个人所得税优惠政策助力现代服务业发展，主要从政策背景、政策优势、政策解读、人才名单的确认与反馈、异议调解五个方面对海南自由贸易港个人所得税优惠政策的适用主体、适用条件、税收优惠计算、适用申请及审核流程等进行梳理及解读。第六章海南合格境外有限合伙人（QFLP）境内投资政策助力跨境资本双向流动和金融市场互联互通，主要从政策背景、政策优势、政策解读、海南洋浦QFLP余额管理制度、税收政策五个方面对海南合格境外有限合伙人（QFLP）境内投资政策进行梳理及解读。第七章海南合格境内有限合伙人（QDLP）境外投资政策助力跨境资本双向流动和金融市场互联互通，主要从政策背景、政策解读、海南QDLP制度亮点、海南QDLP的设立、海南QDLP税收政策五个方面分别对海南QDLP制度政策进行梳理及解读。第八章海南国际教育创新岛政策助力教育业发展，主要从政策背景、发展优势、政策解读、成功案例四个方面对海南国际教育创新岛，尤其是境外独立办学和中外合作办学政策，进行梳理及解读。第九章海南自由贸易港外籍医师执业政策助力医疗健康产业发展，主要从政策背景、政策优势、政策解读三个方面对海南自由贸易港外籍医师执业相关政策进行梳理及解读。第十章海南律师制度创新政策助力自由贸易港法律服务业发展，主要先对海南律师制度创新点进行梳理解读，其次针对创新点之一“多样化境内外律所合作方式”从适用条件、办理流程及材料、政策监管作进一步详细解读。第十一章海南自由贸易港博鳌乐城国际医疗旅游先行区特许药械政策助力医疗健康产业发展，主要从政策背景、政策解读、政策实施、应用实例四个方面对海南博鳌乐城国际医疗旅游先行区特许药械政策进行梳理及解读。

本指南综合使用政策梳理与对比、走访调研、专家座谈、文献检索等多种方法进行研究及编写。通过梳理海南与其他省市所适用的相关政策，对比研究海南政策的优势性。通过走访调研各类市场主体，了解市场主体适用相关政策的疑惑及建议，以使得本指南的编写视角有助于市场主体理解。通过与各政策主管部门进行座谈及访谈，了解相关政策的制定背景、实际适用情况，以及海南封关运作后的优化方向，反馈对各市场主体的调研情况，探讨相关政策的适用性与便利性。通过文献检索，了解现有相关政策阶段情况，以使得本指南的编写在深度和广度上更有助于市场主体的使用。

本指南由海南省商务厅负责组织及选题，由北京万商天勤（海口）律师事务所秦波律师、邓玮律师、国云姗律师、吴玲律师负责编撰。

本指南为2022年版，针对2022年有效或2023年将开始施行的政策，并计划持续跟进政策调整，定期进行更新。

海南省商务厅

北京万商天勤（海口）律师事务所

目　录

第一章 海南自由贸易港境外投资政策助力总部经济发展

一、"为什么选择海南"

2020年6月1日，中共中央、国务院印发《总体方案》，推动建立与高水平自由贸易港相适应的政策制度体系，力争将海南自由贸易港打造成为引领我国新时代对外开放的鲜明旗帜和重要开放门户。《总体方案》还提出了税收优惠、跨境资金流动自由便利、人员进出自由便利、运输来往自由便利、发展现代产业体系等制度构建，为海南自由贸易港市场主体开展交易提供了便利，同时将极大激发各类市场主体活力。

2022年1月1日，《区域全面经济伙伴关系协定》（RCEP）正式生效。RCEP是由东盟10国外加中国、日本、韩国、澳大利亚、新西兰5国共15方成员共同协商，在贸易便利、投资便利、关税优惠、国民待遇等方面达成了一系列互惠的协定，标志着当前世界上人口最多、经贸规模最大、最具发展潜力的自由贸易区正式起航，这也为海南自由贸易港对外投资带来了更多的机遇与便利。

为助力企业用足用好海南自由贸易港政策开拓多元化国际市场，本次主要聚焦"境外投资"方向，对海南自由贸易港政策进行解析，实例展示政策应用场景，为海南商事主体从事境外投资提供指引。

二、投资形式及核准/备案流程

（一）投资形式

境外投资（Overseas Direct Investment，ODI），指中国境内企业通过新设、并购及其他方式在境外拥有非金融企业或取得既有非金融企业所有权、控制权、经营管理权及其他权益的行为。

1. 投资主体：本指南所称的投资主体指中国境内企业，不包含中国境内的自然人投资者。

2. 投资地区：本指南所称的境外投资，包括其他国家（地区），以及香港特别行政区、澳门特别行政区和台湾地区。

3. 出资形式：投资主体向境外投入的资产、权益，包括货币、证券、实物、技术、知识产权、股权、债权等。

4. 投资目的：获得境外资产或经营活动的所有权、经营管理权及其他相关权益。

（二）公司注册流程

1. 登记注册业务的主要办理途径

海南全面推行企业开办全程网上办，在海南商事主体登记平台（海南e登记）上可办理名称申报、注册登记、印章刻制、申领普通发票、社保登记等各类企业开办事项。

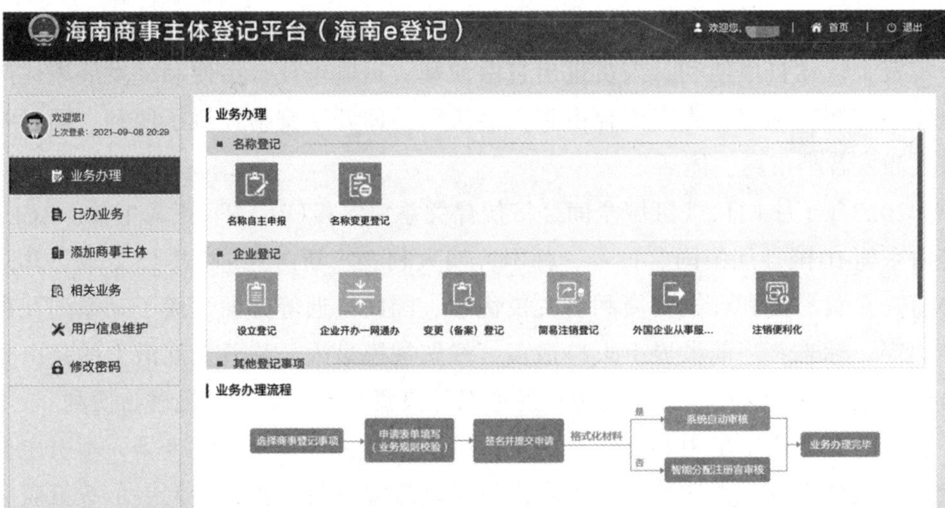

（1）网上办：海南商事主体登记平台（海南e登记）

网址：https://e-register.amr.hainan.gov.cn/ICPSP/index.action

（2）掌上办：手机下载“海南e登记”APP

2. 自主申报方式

申请人可登录“海南商事主体登记平台（海南e登记）”，或者下载“海南e登记”APP进行自主申报。

（1）提交格式化材料的，登记平台自动审核。

登记时限：即时办结。

（2）通过上传非格式化材料，经营范围涉及法律、行政法规和国务院决定规定必须在登记前报经批准的项目，上传有关许可证书或者批准文件复印件的，转注册官人工审核。

审核时限：自受理之日起3个工作日内办结。

公司设立登记后，登记平台自动生成电子营业执照。若需要申领纸质营业执照的，由经办人到属地市场监督管理局领取纸质营业执照，电子营业执照与纸质营业执照具有同等法律效力。

3. 自主申报材料

（1）有限责任公司设立登记申请书（按照登记平台步骤填报）；

（2）全体股东签署的公司章程；

（3）股东及法定代表人身份证；

（4）法律、行政法规和国务院决定规定设立有限责任公司必须报经批准的，上传有关的批准文件或者许可证件原件照片或扫描件；

（5）公司申请登记的经营范围中有法律、行政法规和国务院决定规定必须在登记前报经批准的项目，上传提交有关的批准文件或者许可证件原件照片或扫描件。

4. 注册流程

通过海南e登记进行核名—提交资料（注册地址、股东和法人身份证、公司章程等）—审核通过，领取营业执照—刻章备案—银行开户—税务报到、核定企业税种等（公司成立后，次月须报税，无营收也要零申报）。

（三）境外投资核准/备案流程

在我国现行的境外投资监管体系中，中国企业开展境外投资需要按照要求分别向发展改革委、商务部门、国家外汇管理局办理申请核准、备案、登记等手续。投资主体在发展改革部门进行企业境外投资项目核准、备案，与在商务部门履行新增对外投资有关手续之间没有先后顺序。

2017年，国家发展改革委、商务部、人民银行、外交部联合印发《关于进一步引导和规范境外投资方向的指导意见》，加强对境外投资的宏观指导，引导和规范境外投资方向，推动境外投资持续合理有序健康发展，其中明确规定限制开展房地产、酒店、影城、娱乐业、体育俱乐部等境外投资。

1. 商务部门核准、备案

（1）核准/备案依据

根据《境外投资管理办法》规定，企业境外投资涉及敏感国家和地区、敏感行业的，实行核准管理。企业其他情形的境外投资，实行备案管理。

（2）核准/备案途径

对属于备案情形的境外投资，中央企业报商务部备案，地方企业报所在地省级商务主管部门备案，3亿美元以上项目经省级商务部门初审后报商务部备案。对属于核准情形的境外投资，中央企业向商务部提出申请，地方企业通过所在地省级商务主管部门向商务部提出申请。

（3）核准/备案程序及申请材料

核准/备案程序：商务部和省级商务主管部门通过“境外投资管理系统”对企业境外投资进行管理，并向获得核准/备案的企业颁发企业境外投资证书。证书是企业境外投资获得核准的凭证，由商务部和省级商务主管部门分别印制并盖章，实行统一编码管理。

核准/备案申请材料：

①境外投资申请表，企业自行通过“商务部业务系统统一平台企业端”按要求填写打印并加盖印章；

②申请书，主要包括投资主体情况、境外企业名称、股权结构、投资金额、经营范围、经营期限、投资资金来源、投资具体内容等；

③境外投资相关合同或协议；

④有关部门对境外投资所涉的属于中华人民共和国限制出口的产品或技术准予出口的材料；

⑤企业营业执照复印件。

（4）事中事后监管

自领取证书之日起2年内，企业未在境外开展投资的，证书自动失效。

企业应当要求其投资的境外企业中方负责人当面或以信函、传真、电子邮件等方式及时向驻外使（领）馆（经商处室）报到登记。

企业应当向原备案或核准的商务部或省级商务主管部门报告境外投资业务情况、统计资料，以及与境外投资相关的困难、问题，并确保报送情况和数据真实准确。企业应当登录“境外投资管理系统”的对外投资合作信息服务页面，进入“备案（核准）报告”子模块开展报告。

2. 发改部门核准、备案

（1）核准/备案依据

根据《企业境外投资管理办法》规定，国家发展改革委对敏感类项目实行核准管理，对非敏感类项目实行备案管理。

（2）核准/备案途径

实行核准管理的项目，投资主体应当通过发展改革委对外投资项目管理系统向国家发展改革委提交项目申请报告并附具有关文件。其中，投资主体是中央管理企业（含中央管理金融企业、国务院或国务院所属机构直接管理的企业，下同）的，由其集团公司或总公司向核准机关提交；投资主体是地方企业的，由其直接向国家发展改革委提交。

实行备案管理的范围是投资主体直接开展的非敏感类项目；实行备案管理的项目中，投资主体是中央管理企业的，备案机关是国家发展改革委；投资主体是地方企业，且中方投资额为3亿美元及以上的，备案机关是国家发展改革委；投资主体是地方企业，且中方投资额为3亿美元以下的，备案机关是投资主体注册地的省级政府发展改革部门。

（3）核准/备案程序及申请材料

核准/备案程序：投资主体可访问国家发展改革委门户网站（www.ndrc.gov.cn），点击“政务服务”进入“国家发展和改革委员会政务服务大厅”，在“我要申报”栏目下点击“境外投资”，选择“境外投资核准”或“境外投资备案”事项，点击“事项申报”即可进入全国境外投资管理和服务网络系统，登录后选择“项目核准”或者“项目备案”开始申报。

投资主体也可直接访问“全国境外投资管理和服务网络系统”（http://jwtz.ndrc.gov.cn/jwtz/home）进行用户注册和登录，登录后选择“项目核准”或“项目备案”开始申报。

两个以上投资主体共同开展的项目，应当由投资额较大一方在征求其他投资方书面同意后提出核准、备案申请。如各方投资额相等，应当协商一致后由其中一方提出核准、备案申请。涉及国家秘密或不适宜使用网络系统的事项，投资主体可以另行使用纸质材料提交。

核准/备案申请材料：

①项目申请报告；

②境外投资项目备案申请表；

③关于境外投资项目有关情况的报告，包含投资主体注册登记证明文件、追溯至最终实际控制人的投资主体股权架构图、最新经审计的投资主体财务报表、投资决策文件、投资协议、资金来源真实合规的支持性文件、境外投资真实性承诺书等附件。

（4）事中事后监管

核准文件、备案通知书有效期为2年。确需延长有效期的，投资主体应当在有效期届满的30个工作日前向出具该项目核准文件或备案通知书的机关提出延长有效期的申请。

属于核准、备案管理范围的项目，投资主体应当在项目完成之日起20个工作日内通过“全国境外投资管理和服务网络系统”提交项目完成情况报告表。

境外投资过程中发生外派人员重大伤亡、境外资产重大损失、损害我国与有关国家外交关系等重大不利情况的，投资主体应当在有关情况发生之日起5个工作日内通过“全国境外投资管理和服务网络系统”提交重大不利情况报告表。

3. 外汇登记流程

（1）登记依据

《国家外汇管理局关于发布〈境内机构境外直接投资外汇管理规定〉的通知》（汇发〔2009〕30号）

《国家外汇管理局关于进一步改进和调整直接投资外汇管理政策的通知》（汇发〔2012〕59号）

《国家外汇管理局关于进一步简化和改进直接投资外汇管理政策的通知》（汇发〔2015〕13号）

《国家外汇管理局关于废止和失效5件外汇管理规范性文件及7件外汇管理规范性文件条款的通知》（汇发〔2019〕39号）

（2）办理流程及材料

外汇主管部门授权银行办理外汇审批及结汇售汇。在境内企业的境外直接投资申请获得发改委及商务部门核准或备案后，可自行选择注册地银行办理直接投资外汇登记，完成直接投资外汇登记后，方可办理后续直接投资相关账户开立、资金汇兑等业务（含利润、红利汇出或汇回）。

①境内机构境外直接投资前期费用登记

境外直接投资前期费用指境内机构在境外投资设立项目或企业前，需要向境外支付的与境外直接投资有关的费用，包括但不限于：收购境外企业股权或境外资产权益，按项目所在地法律规定或出让方要求需缴纳的保证金；在境外项目招投标过程中，需支付的投标保证金；进行境外直接投资前，进行市场调查、租用办公场地和设备、聘用人员，以及聘请境外中介机构提供服务所需的费用。

投资主体向境外汇出的前期费用，累计汇出额原则上不超过300万美元且不超过中方投资总额的15%，银行通过外汇局资本项目信息系统为境内机构办理前期费用登记手续后，境内机构凭业务登记凭证直接到银行办理后续资金购付汇手续。前期费用累计汇出额超过300万美元或超过中方投资总额15%的，境内投资者须提交说明函至注册地外汇局申请办理。

汇出境外直接投资前期费用的，需提交境外直接投资外汇登记业务申请表、营业执照和组织机构代码证。

②境内机构境外直接投资外汇登记

境内机构在以境内外合法资产或权益（包括但不限于货币、有价证券、知识产权或技术、股权、债权等）向境外出资前，应到注册地银行申请办理境外直接投资外汇登记。

所需材料：境外直接投资外汇登记申请表；营业执照或注册登记证明（多个境内机构共同实施一项境外直接投资的，应提交各境内机构加盖单位公章的营业执照或注册登记证明复印件）；境外投资资金来源证明、资金使用计划、企业有关权力机构关于境外投资相关决议等真实性证明材料；境外直接投资主管部门对该项投资的核准文件或备案通知。

多个境内机构共同实施一项境外直接投资的，由约定的一个境内机构向其所在地银行申请办理境外直接投资外汇登记；银行通过资本项目信息系统完成境外直接投资外汇登记后，其他境内机构可分别在登记地银行领取业务登记凭证。

银行通过资本项目信息系统为境内机构办理境外直接投资外汇登记手续后，境内机构凭业务登记凭证直接到银行办理后续资金购付汇手续。

三、三大产业境外直接投资所得免税优惠

（一）法定条件

在现行企业所得税制度下，居民企业境外投资的股息、红利等权益性投资收益，一般应按25%的企业所得税税率征税（在不考虑相关税收优惠的情况下）。而2020年1月1日至2024年12月31日期间，在海南自由贸易港设立的旅游业、现代服务业、高新技术产业企业新增境外直接投资取得的所得，满足法定条件即可免征企业所得税。享受境外直接投资所得免税的法定条件具体如下表：

境外直接投资所得免税法定条件		
序号	**条件（同时满足）**	**说明**
1	在海南自由贸易港设立的企业	实质性运营企业
2	旅游业、现代服务业、高新技术产业	《海南自由贸易港旅游业、现代服务业、高新技术产业企业所得税优惠目录》
3	新增境外投资所得	●时间要求 新增境外直接投资指企业在2020年1月1日至2024年12月31日期间新增的境外直接投资。 ●境外投资形式 （1）在境外投资新设分支机构； （2）境外投资新设企业； （3）对已设立的境外企业增资扩股； （4）收购境外企业股权。

续表

境外直接投资所得免税法定条件		
序号	**条件（同时满足）**	**说明**
3	新增境外投资所得	●所得范围认定 1. 从境外新设分支机构取得的营业利润；或 2. 从持股比例超过20%（含）的境外子公司分回的，与新增境外直接投资相对应的股息所得。
4	被投资国（地区）的企业所得税法定税率不低于5%	不同国家对企业所得税的称呼可能存在不同的表述，如法人所得税、利得税、公司所得税等。判定是否属于企业所得税性质的税额，应根据国内相关法律法规并结合双边税收协定的规定，看其是否是针对企业净所得征收的税额。①

（二）情景演示

甲公司是一家高新技术产业企业，2020年2月通过直接在境外A国新设相关科技产业类乙公司（直接投资架构）开展业务，甲公司持股比例为100%。2021年6月，乙公司作出利润分配决定并向甲公司分配股息100万元。

根据A国的国内税法及与中国税收协定的规定，A国的企业所得税法定税率和股息红利源泉扣缴的预提所得税率均为10%。

注：①此处为便于理解，仅关注股息汇回路径的税务影响，暂不考虑境外乙公司层面的所得税或间接抵免问题。②此处以在境外设立子公司为例，在境外新设分支机构的情形下，传统架构和海南架构下可获得的免税优惠相同。不同的是由于分支机构不具有分配利润职能，境外分支机构取得的营业利润所得无论是否汇回境内，均应当计入所属年度的企业应纳税所得额。

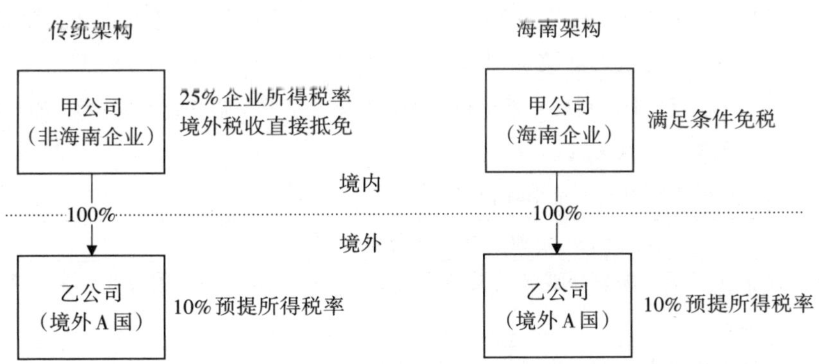

①国家税务总局国际税务司：《“走出去”税收指引（2021年修订版）》，第47页。

传统架构：

甲公司在A国缴纳的所得税为：100万元×10%=10万元人民币；

甲公司来源于A国的抵免限额为：100万元×25%=25万元人民币；

甲公司适用直接抵免政策，在A国已缴纳的10万元可在抵免限额25万元内抵扣，因而甲公司在中国应缴纳的税额为：25万元-10万元=15万元人民币。

海南架构：

甲公司在A国缴纳的所得税同传统架构，但如在满足海南境外投资所得免税的法定条件的情形下，甲公司在中国应缴纳的税额为0元人民币。

相比传统架构，节省了15万元人民币的税收。

（三）申报流程及备存材料

在年度纳税申报时按规定享受。具体申报流程及企业应备存材料如下表：

境外直接投资所得免税申报	
步骤及说明	
第一步	进入海南省电子税务局
第二步	填写财务报告：单击【我要办税】—【税费申报及缴纳】—【财务报表报送】—【财务报告报送与信息采集】，进入财务报表报送页面
第三步	填写企业所得税年度纳税申报表：【我要办税】—【税费申报及缴纳】—【企业所得税申报】—【居民企业（查账征收）企业所得税年度申报】，进入《中华人民共和国企业所得税年度纳税申报表（A类，2017年版）》
第四步	填写《境外所得纳税调整后所得明细表》（A108010）第19—26列："其中：新增境外直接投资所得"。
参考文件	1.《国家税务总局关于企业所得税年度汇算清缴有关事项的公告》（国家税务总局公告2021年第34号）； 2.《新版企业所得税年度纳税申报表改哪儿了？一篇文章看明白》（摘自海南税务微信公众号）； 3.《企业所得税申报事项目录》。
企业主要留存备查材料	
1	企业属于自由贸易港鼓励类产业目录中的旅游业、现代服务业、高新技术产业；
2	新增境外直接投资所得符合条件的说明。

注：需要说明的是，如今后政策调整，纳税人应根据税务部门的要求和《企业所得税申报事项目录》最新分类事项进行填报。

四、实例参考

海南某医疗器械贸易公司开展境外投资业务情况。

（一）境内投资主体基本情况

某医疗公司（下称C公司）是一家致力于医疗器械耗材研发、生产、营销的高科技制造企业，业务涵盖医用耗材、康养器械、理疗护理等系列产品。2021年，该公司在海南成立全资子公司（下称D公司），经营范围包含日用百货销售、化妆品零售、家具销售、办公用品销售、计算机软硬件及辅助设备零售、珠宝首饰零售、国内贸易代理等。

（二）境外企业基本情况

2021年5月，D公司通过省发展改革委和省商务厅备案，在香港注册成立境外子公司（下称E公司），主要经营范围为医疗用品及器械的国际贸易、市场推广及产品相关的商业咨询，并于2022年收到E公司利润分红20万元人民币。

（三）境内主体"新增境外投资所得免所得税"政策享受情况

D公司已向海南省税务部门就利润分红20万元人民币汇回申报税收优惠。按照《中华人民共和国企业所得税法》之规定，企业所得税的税率为25%，根据D公司的实际情况，D公司节省了企业所得税人民币1.7万元。

第二章 “中国洋浦港”船籍港政策助力航运业发展

一、政策背景

2020年6月1日，中共中央、国务院印发的《总体方案》提出建设“中国洋浦港”船籍港，支持海南自由贸易港开展船舶登记，建立更加自由开放的航运制度。海南以国际船舶登记制度改革为重要抓手，推动实施一系列航运开放政策落地生效。

截至2020年6月，“中国洋浦港”船籍港入籍的国际船舶已达40艘，助力海南国际航行船舶登记总吨规模跻身全国第二。

（一）独特的区位优势

海南省作为岛屿省份，有广阔的发展空间，海南岛全岛面积约40万平方公里。海南具有离岛优势，是华南经济圈、北部湾经济圈、东南亚经济圈和东盟经济圈的交汇中心，便于自由贸易港实施“一线”放开、“二线”管住的特殊海关监管政策；海南面向东南亚、连接北部湾，地处北部湾中心地带和国际海运主航线的中间位置，是西部陆海新通道和海上丝绸之路的交汇点，是中南半岛货物海运进入中国的重要门户。①

（二）开放的海事行政管理

海南作为我国最大的经济特区，具有全面实施深化改革和试验最高水平开放政策的独特优势。国家层面，2020年6月1日，中共中央、国务院印发了《总体方案》，明确要求加快建设高水平的中国特色自由贸易港，提出要实施高

---

①见丁敏、李颖雪、张婧姝等《洋浦港打造区域国际集装箱枢纽港的思路》（发表于《中国港口》2022年第7期）。

度自由便利开放的运输政策，建立更加自由开放的航运制度，建设“中国洋浦港”船籍港。省级层面，海南省人民代表大会常务委员会出台《海南自由贸易港国际船舶条例》并于2021年9月1日正式施行。相关文件有《海南自由贸易港国际船舶登记程序规定》《海南自由贸易港国际船舶登记工作规程》《海南自由贸易港外国船舶检验机构入级检验监督管理办法》《外国籍人员参加海南自由贸易港船员培训、考试和申请船员证书管理办法》等，并组织制定《海南自由贸易港国际船舶综合质量评价管理办法》等多项配套政策，构建了从船舶登记、检验、质量管理到海员市场等全流程的配套性制度。

二、政策解读

（一）特殊的国际船舶登记制度

“中国洋浦港”船籍港率先实施“全岛一港”国际船舶注册机制，海南自由贸易港内符合条件的中国公民、法人或非法人组织都可以选择“中国洋浦港”作为船籍港，从而享受“中国洋浦港”船籍港政策。

1. 登记机关

中华人民共和国海南海事局是国际船舶登记的监督管理机关。中华人民共和国海南海事局设立的国际船舶登记机关具体负责海南自由贸易港国际船舶登记工作。[①]

2. 受理范围

以下船舶可在海南自由贸易港办理国际船舶登记：

（1）在海南自由贸易港有住所的中国公民所有或者融资租赁、光船租赁的船舶；

（2）在海南自由贸易港依法成立的法人所有或者融资租赁、光船租赁的船舶；

（3）在海南自由贸易港依法成立的非法人组织所有或者融资租赁、光船租赁的船舶。

3. 登记主体

海南自由贸易港内符合规定条件的中国公民、法人或非法人组织都可以选择“中国洋浦港”作为船籍港。

①目前，“中国洋浦港”籍国际船舶登记暂由海南自由贸易港国际船舶登记中心（筹）统一办理。

关于登记法人全体出资比例的问题，在我国船舶登记制度下，企业法人主体的中方投资人的出资额不得低于50%。而在“中国洋浦港”船籍港登记制度中，取消了船舶登记主体外资股比限制，也即在海南自由贸易港范围内办理国际船舶登记，将不受船舶登记主体外资股比限制。

4. 登记种类

可在“中国洋浦港”船籍港进行国际船舶登记的种类如下：（1）船舶所有权登记；（2）船舶国籍登记；（3）船舶抵押权登记；（4）光船租赁登记；（5）船舶变更登记；（6）船舶注销登记；（7）国家规定的其他种类。

国际船舶登记申请材料

“中国洋浦港”船籍港首创了船舶临时所有权登记制度，即允许船舶所有人在暂时无法提交船舶所有权取得的证明文件原件时，凭船舶所有权取得证明材料的复印件或者扫描件申请办理临时船舶所有权登记，便于船运公司提早取得船舶权属证明，提早开展融资。另外还新增了船舶临时国籍制度，即从境外购买的二手船舶暂时无法提交船舶注销登记证明书时，允许申请人持原船舶所有人出具的承诺文件申请办理临时船舶国籍证书，以保障外籍船舶转籍不停航。

5. 登记流程

根据《海南自由贸易港国际船舶登记程序规定》，申请船舶登记，申请人应当填写登记申请书，并向船舶登记机关提交合法身份证明和其他有关申请材料。申请人可以通过海事信息系统网上申请办理船舶登记，也可以前往船舶登记机关现场申请（该事项已纳入全省通办，申请将船舶登记在“中国洋浦港”船籍港的，申请人可向海南海事局或其任一分支局政务窗口提交申请材料）。通过海事信息系统申请办理船舶登记的，船舶登记机关可以根据电子材料先行办理船舶登记手续，在领取登记证书时提交符合要求的申请材料。经船舶登记机关审查，船舶登记申请符合规定要求的，船舶登记机关予以登记，将申请登记事项记载于船舶登记簿，制作并发放船舶登记证书。涉及海事管理机构[①]签发、签注的其他船舶证书、文书均统一由船舶登记机关办理。

《海南自由贸易港国际船舶海事证书文书办理服务指南》

海南自贸港国籍船舶登记由三级审批改为二级审批，减少审批程序，缩短审批时限，除船舶名称核定当场办结外，所有船舶登记和船舶证书文书办结时限均为1个工作日，多个事项同时办理的，最长办结时限不超过2个工作日；另也规范国际船舶登记行为，国际船舶登记申请材料使用格式文本，便利船运公司申请材料的准备，提高国际船舶登记效率。

（二）开放的船舶检验制度

1. 开放船舶入级检验

在海南自由贸易港范围内可由外国船舶检验机构开展国际船舶入级检验，我国一般船舶检验制度要求从事国际航行的中国籍船舶，应向中国船级社申请入级检验，不能由其他船舶检验机构检验，而在海南自由贸易港范围内。相较我国一般船舶检验制度，海南自由贸易港范围内开放船舶入级检验制度更具优势。

在海南自由贸易港范围内由外国船舶检验机构开展国际船舶入级检验操作要点如下：

（1）外国验船公司应在开展具体的入级检验前，将入级规范及证书格式报海南海事局备案。

（2）外国验船公司撤销入级检验证书时，应及时报告海南海事局。

（3）外国验船公司应于每年12月31日前向海南海事局报告在海南自由贸易港开展的入级检验工作情况，报告内容包括船舶名录、入级检验种类。

①海事管理机构指海南海事局及各分支局。

2. 逐步放开法定检验

《海南自由贸易港建设总体方案》中明确提出：建设“中国洋浦港”船籍港，简化检验流程，逐步放开船舶法定检验。法定检验放开后，获得法定检验授权的外国船级社检验的船舶转籍到“中国洋浦港”的，不需要变更船舶检验机构，大大提高国际船舶登记效率，节省企业时间成本与资金成本。目前法定检验的授权机构为中国船级社。

经授权的船舶检验机构可以开展国际船舶法定检验及相应证书的签发工作。但需要注意，外国船舶检验机构应为在中国境内设立的验船公司（即商业存在形式），目前尚未放开外国验船公司派员检验（即跨境服务方式）。外国船舶检验机构在境内设立办事处的方式尚不符合条件要求。

（三）船舶综合质量评价及分级管理制度

为全面提升海南自由贸易港国际船舶安全管理效能，规范船舶综合质量评价管理，推动船舶质量整体提高，中华人民共和国海南海事局出台《海南自由贸易港国际船舶综合质量评价管理办法》（以下简称《办法》），建立信息平台，将船舶质量、船员情况、企业安全和防污染管理等方面纳入指标体系进行分析和质量评价，并根据评价结果对船舶实施分级管理。海南自由贸易港国际船舶实施综合质量评价管理为全国首创。通过综合质量评价管理办法，引入退出机制，对连续三年评价结果为E级评级的国际船舶，予以注销船舶国籍。根据船舶质量评价结果对国际船舶实施分级管理的做法，可对船舶企业进行正向激励，对评价等级高的船舶企业采取政务服务、进出港方面等一系列便利高效措施，督促船东做好质量维护，有利于保障登记在“中国洋浦港”船籍港的船舶质量，提高国际认可度。

分级管理制度	
A（优秀）	优先办理船舶登记相关业务、船舶进出口岸业务和提供专人专线业务咨询办理服务等；免于下一年度船籍港管理点验船舶动态信息；优先向交通运输部海事局推荐参评年度“安全诚信船舶”，将评价结果通报至海南省人民政府交通运输主管部门；应船舶所有人申请，可将评价结果推送至相关金融机构。
B（良好）	优先办理船舶登记相关业务、提供专人专线业务咨询办理服务等，免于下一年度船籍港管理点验船舶动态信息。
C（合格）	每半年至少开展一次船籍港管理点验船舶动态信息，要求船舶所有人或管理人每年报送一次船舶管理自查情况。
D（待观察）	每年至少开展一次船舶特别安全检查，每季度至少开展一次船籍港管理点验船舶动态信息，要求船舶所有人或管理人每半年报送一次船舶管理自查情况。
E（差）	约谈船舶所有人或管理人；每半年至少开展一次船舶特别安全检查；每月至少开展一次船籍港管理点验船舶动态信息；要求船舶所有人或管理人每季度报送一次船舶管理自查情况，将评价结果通报至海南省人民政府交通运输主管部门；对连续三年评价结果为E级评级的国际船舶，予以注销船舶国籍。

根据《办法》，国际船舶综合质量评价分为新登记船舶综合质量评价和现有登记船舶综合质量评价。新登记船舶综合质量评价在船舶所有权登记完成后15个工作日内开展，对现有登记船舶综合质量评价自船舶所有权登记日期周年日前15个工作日开展。评价结果分为A（优秀）、B（良好）、C（合格）、D（待观察）、E（差）等五个评级。登记机构根据评价结果实施分级管理，并不断优化和完善管理措施。《办法》自2023年6月1日起施行。

（四）开放的海员市场

海南自由贸易港面向全球，打造最开放的海员市场。《外国籍人员参加海南自由贸易港船员培训、考试和申请船员证书管理办法》自2021年11月1日起施行，作为国内首个允许外国籍人员参加中国船员培训考试、发证的制度文件，填补了国内相关领域制度空白。相关制度创新如下：

1. 允许境外企业和个人开办船员培训机构

境外企业和个人可以按照有关规定在海南自由贸易港开办或者合作开办船员培训机构，从事船员培训业务。开设国家规定的船员培训项目，应当经海南海事管理机构批准。海南自由贸易港设立且从事外国籍人员培训的船员培训机构，应当按照《中华人民共和国船员培训管理规则》的规定取得相应项目的船员培训许可。培训机构开展培训的课程应当符合《海船船员培训大纲》的要求，并经过海南海事局确认。

2. 允许外国籍人员参加船员培训考试

境外人员在海南自由贸易港参加国家规定的船员培训项目，经考试合格的，可以按照有关规定申请相应的船员适任证书和培训合格证书。

序号	事项	政策内容
1	报名条件	外国籍人员可凭有效护照签证或外国人永久居留身份证在海南自由贸易港报名参加船员培训、考试。
2	使用语言	外国籍人员参加海南自由贸易港船员培训、考试使用语言为汉语或英语。
3	申请条件	外国籍人员申请船员证书，应当符合下列条件： ①年满18周岁（在船实习、见习人员年满16周岁）且初次申请不超过60周岁； ②符合船员任职岗位健康要求； ③完成相应的培训； ④通过相应的考试。
4	申报材料	外国籍人员申请船员证书的，应当向海南海事局或其所属分支机构提出，并提交下列材料： ①船员证书申请表； ②船员健康证明； ③有效护照签证或外国人永久居留身份证； ④符合海事管理机构要求的照片； ⑤培训证明； ⑥考试合格证明； ⑦船员培训合格证（如适用）； ⑧船员服务簿（如适用）； ⑨船上见习记录簿（如适用）； ⑩现持有的适任证书（如适用）。

三、税收优惠及便利化措施

（一）进口船舶“零关税”

2020年12月25日，财政部、海关总署、税务总局联合印发《关于海南自由贸易港交通工具及游艇“零关税”政策的通知》，规定进口用于营运用交通运输、旅游业的船舶及游艇，免征进口关税、进口环节增值税和消费税。详细内容及操作流程见《交通工具及游艇“零关税”政策 助力交通运输业及旅游业发展》。

享惠实例：某航运企业进口运输船舶落户洋浦，企业享受优惠税收政策后免征了1204万元的进口关税和进口环节增值税。

扫描二维码获取《交通工具及游艇“零关税”政策 助力交通运输业及旅游业发展》

（二）境内建造船舶增值税退税

2020年9月3日，财政部、交通运输部、税务总局联合印发《关于海南自由贸易港国际运输船舶有关增值税政策的通知》（以下简称《通知》），对境内建造船舶企业向运输企业销售，且船舶登记在“中国洋浦港”船籍港并从事国际运输和港澳台运输业务的船舶，对购进船舶的运输企业实行增值税退税政策。

在海南自由贸易港范围内享受境内建造船舶增值税退税政策的操作要点如下：

●对境内建造船舶企业向运输企业销售且同时符合下列条件的船舶，实行增值税退税政策，由购进船舶的运输企业向主管税务机关申请退税：1. 购进船舶在“中国洋浦港”登记；2. 购进船舶从事国际运输和港澳台运输业务。

●购进船舶运输企业的应退税额，为其购进船舶时支付的增值税额。

●运输企业购进船舶支付的增值税额，已从销项税额中抵扣的，不得申请退税；已申请退税的，不得从销项税额中抵扣。

●运输企业不再符合该《通知》退税条件的，应向交通运输部门办理业务变更，并在条件变更次月纳税申报期内向主管税务机关办理补缴已退税款手续。应补缴增值税额=购进船舶的增值税专用发票注明的税额×（净值÷原值）。

●运输企业按照上述规定补缴税款的，自税务机关取得的解缴税款的完税凭证上注明的增值税额，准予从销项税额中抵扣。

●本通知自2020年10月1日起执行至2024年12月31日终止。适用政策的具体时间以船舶所有权登记证书的签发日期为准。

享惠实例：海南前期已办理7艘船舶共计约3.59亿的增值税退税，单艘退税最高7497万元人民币，大大降低了企业的购船成本。

扫描二维码获取详细内容

（三）内外贸同船运输加注不含税油

全岛封关运作前，对以洋浦港作为中转港从事内外贸同船运输的境内船舶，允许其在洋浦港加注本航次所需的保税油；对其在洋浦港加注本航次所需的本地生产燃料油，实行出口退税政策。

上述保税油和适用出口退税政策的本地生产燃料油统称为“不含税油”。本航次，是从装载外贸货物的始发港至洋浦以及从洋浦装载外贸货物至目的港的航次。其中，始发港为首个装载至洋浦中转的外贸货物的境内港；目的港为最终卸载自洋浦中转的外贸货物的境内港。本航次所需不含税油加注量=本航次里程×（燃油消耗率×额定功率÷额定航速）。对上述在境内船舶加注的本航次所需不含税油，免征关税、增值税和消费税。

在海南自由贸易港范围内享受内外贸同船运输加注不含税油政策的操作要点如下：

1. 供油企业通过国际贸易单一窗口系统向海关申报出口“保税核注清单”。

2. 供油企业办理出口报关申报，出口申报须与出口“保税核注清单”进行关联，随附本航次所需燃料油量书面核定凭证（内外贸同船运输船舶航次所需不含税油加注量核定申请表）、合同、形式发票、船舶国籍证书、产品质量报告等。经洋浦港海关审核放行后，供油船可装油出库。

3. 供油企业供油前在网上向海事部门进行供受油作业报告。

4. 受油船舶在洋浦海域内，应及时向海事部门报告船舶动态信息。

5. 供油企业通过国际贸易单一窗口向洋浦港海关申报物料添加申请，并递交物料添加申报、本航次所需燃料油量书面核定凭证（或供油申请备注核定情况）等材料，通过审批后即可供油。

6. 供油作业结束，递交供油凭证到洋浦港海关。如实际供油数量与申报数量不符，再进行改单申报。

7. 供油企业向海事部门网上进行供受油作业确认报告。

享惠实例：某航运企业通过内外贸同船运输累计已在洋浦加注不含税油2632吨，节降燃油成本超过100万元。

扫描二维码获取操作指引

（四）船舶保税油供受作业便利化

我国对国际航行船舶在我国沿海港口加注的燃料油（指产品编码为“27101922”的产品），实行出口退（免）税政策，增值税出口退税率为13%。海南为便利企业享受优惠税收政策，助力保税油供应基地建设，印发《关于深化海南自由贸易港船舶保税油供受作业便利化海事监管措施的公告》（以下简称“《公告》”），制定一系列措施，提升船舶保税油供受作业效率。《公告》的具体内容如下：

1. 对船舶保税油供受作业单位备案实施告知承诺制，减免备案申请单位有关不直接涉及安全与防污染的或通过海事信息系统能查询到的材料的提交要求，材料提交数量从原11项减少到5项。

2. 优化保税油供油船舶危险货物申报制度。在特定港区继续实施船舶载运危险货物报告制度的基础上，供油船舶往返于海南其他港口之间的，只需在保税油装载地海事局办理一次船载危险货物进出港申报手续。

3. 实施国际航行受油船舶“即加即走”管理模式。各分支海事局24小时“即受即审”国际航行受油船进出口岸手续，减少船舶加油期间非生产性延误。载运危险货物的受油船在港外锚地加注保税油的，免予办理船载危险货物进出港申报手续。

4. 免予保税油受油船舶办理作业信息报告手续，有关作业信息由供油船舶向海事管理机构报告。加注作业地点和时间等信息变更的，可通过“海事一网通办平台”、电话等方式及时补报。

5. 开辟船舶燃油装载和使用信息报告便捷通道。船舶保税油受油船舶无法获取合规燃油导致船舶使用或装载不合规燃油的，有关船舶或代理可通过“海事一网通办平台”、传真或邮件等方式提前提交《合规燃油不可获得报告》。需审查报告的，各分支海事局在供受油作业前完成相关审查工作。

（五）启运港退税

海南自由贸易港实行启运港退税政策后，具有利于出口企业提前办理退税业务，提高资金周转效率等优势。一般情况下，出口企业需将货物运到出口离境港口并办理结关手续后才能向税务部门申请退税。实行启运港退税政策后，对符合条件的货物自启运港运出后即视同出口，企业可向税务部门申请办理退税手续。海南自由贸易港启运港退税政策的主要内容和要求如下：

对符合条件的出口企业从启运地口岸（以下简称启运港）启运报关出口，由符合条件的运输企业承运，从水路转关直航或经停指定口岸（以下简称经停港），自离境地口岸（海南省洋浦港）离境的集装箱货物，实行启运港退税政策。其中，危险品不适用启运港退税政策。

●启运港：启运港为营口市营口港、大连市大连港、秦皇岛市秦皇岛港、天津市天津港、烟台市烟台港、青岛市青岛港、日照市日照港、苏州市太仓港、连云港市连云港港、南通市南通港、泉州市泉州港、广州市南沙港、湛江市湛江港、钦州市钦州港。

●离境港：离境港为海南省洋浦港。

●经停港：上述启运港均可作为经停港，船舶可在经停港加装、卸载货物。从经停港加装的货物，须为已报关出口、经由上述离境港离境的集装箱货物。

（六）企业所得税

海南自由贸易港在企业所得税层面具有政策优势。全岛封关运作前，注册在海南自由贸易港并实质性运营的鼓励类产业企业，减按15%征收企业所得税。全岛封关运作后，将按负面清单行业管理，不在负面清单行业内的企业，减按15%征收企业所得税。

其中，多项航运业相关产业可以享受相关企业所得税税收优惠。《海南自由贸易港鼓励类产业目录（2020年本）》第五部分“交通运输、仓储和邮政业”列举多项相关产业，如：“52. 船舶登记、管理、维修、保养、检验检测和相关服务，邮轮与国际航运、飞机物资供应业务，船用燃油和天然气、船用产品、物料供应等船舶供应，航运航空保税燃油和保税LNG加注服务”“53. 水上客货运输及辅助业务，港口装卸、仓储、拖轮、理货业务，邮轮港口业务、邮轮运输业务”“54. 国际无船承运人业务”“55. 国际寄递物流”“57. 国际航线挂靠、集装箱中转业务、集装箱拆拼箱”“60. 全球集拼分拨系统研发及运营管理”“61. 国际货代、船代、报关、报检等相关代理业务”“62. 仓储、运输、货代、船代、拣选、包装、装卸、分拣、搬运、流通加工、配送、逆向物流、信息处理等一体化服务”。具体鼓励类产业界定见《〈海南自由贸易港鼓励类产业目录（2020年本）〉界定指引》。

扫描二维码获取《〈海南自由贸易港鼓励类产业目录（2020年本）〉界定指引》

附录1：税收政策汇总表

<table>
<tr><th>事项</th><th></th><th>情形</th><th>优惠政策</th><th>适用税率</th></tr>
<tr><td rowspan="5">税收优惠</td><td rowspan="2">船舶来源</td><td>进口</td><td>“零关税”</td><td>免征进口关税、进口环节增值税</td></tr>
<tr><td>境内建造、登记为“中国洋浦港”、从事国际运输和港澳台运输</td><td>视同出口并给予出口退税</td><td>退还13%
增值税</td></tr>
<tr><td rowspan="2">燃料油</td><td>境内部分（内外贸同船运输）</td><td>不含税油</td><td>免征进口关税、进口环节增值税、消费税</td></tr>
<tr><td>境外部分（国际航行）</td><td>出口退税</td><td>退还13%
增值税</td></tr>
<tr><td>企业所得税</td><td>注册在海南自由贸易港并实质性运营的鼓励类产业企业</td><td>适用优惠的企业所得税税率</td><td>减按15%的
税率征收
企业所得税</td></tr>
<tr><td colspan="2" rowspan="2">便利化措施</td><td colspan="3">启运港退税</td></tr>
<tr><td colspan="3">保税油加注便利化</td></tr>
</table>

第三章　海南交通工具及游艇“零关税”政策助力交通运输业及旅游业发展

一、政策背景

2020年6月1日，中共中央、国务院印发《海南自由贸易港建设总体方案》，其中提出海南自由贸易港建设要分步骤实施“零关税”、低税率、简税制的安排。在2025年前实行部分进口商品“零关税”政策，实行“一负三正”“零关税”清单，即除法律法规和相关规定明确不予免税、国家规定禁止进口的商品外，对企业进口自用生产设备“零关税”实行负面清单管理，岛内进口营运用交通工具及游艇、企业生产原辅料和岛内居民消费进境商品“零关税”实行正面清单管理。对实行“零关税”清单管理的货物及物品，免征进口关税、进口环节增值税和消费税。

2020年12月25日，财政部、海关总署、税务总局联合印发《关于海南自由贸易港交通工具及游艇“零关税”政策的通知》，明确在全岛封关运作前，对在海南自由贸易港注册登记并具有独立法人资格，从事交通运输、旅游业的企业（航空企业须以海南自由贸易港为主营运基地），进口用于交通运输、旅游业的船舶、航空器、车辆等营运用交通工具及游艇，免征进口关税、进口环节增值税和消费税。目前，全国范围内仅在海南自由贸易港可享受“零关税”进口交通工具及游艇优惠政策。

二、政策解读

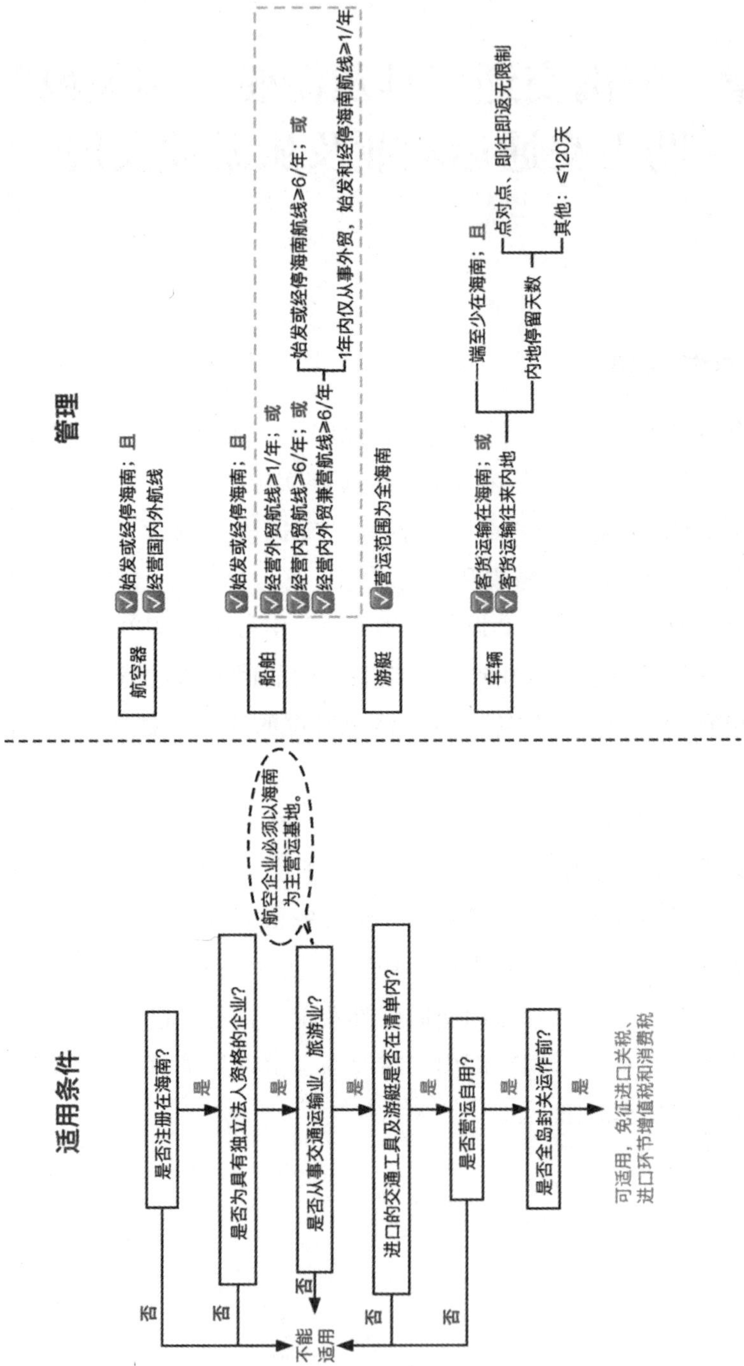
适用条件
是否注册在海南？
是否为具有独立法人资格的企业？
是否从事交通运输业、旅游业？
航空企业必须以海南为主营运基地。
进口的交通工具及游艇是否在清单内？
是否营运自用？
是否全岛封关运作前？
是
可适用，免征进口关税、进口环节增值税和消费税
否
不能适用
管理
航空器
始发或经停海南；且
经营国内外航线
船舶
始发或经停海南；且
经营外贸航线≥1/年；或
经营内贸航线≥6/年；或
经营内外贸兼营航线≥6/年
始发或经停海南航线≥6/年；或
1年内仅从事外贸，始发和经停海南航线≥1/年
游艇
营运范围为全海南
车辆
客货运输在海南；或
客货运输往来内地
端至少在海南；且
内地停留天数
点对点、即往即返无限制
其他：≤120天

（一）适用条件

<table>
<tr><th colspan="3">海南交通工具及游艇“零关税”政策适用条件</th></tr>
<tr><th colspan="2">适用条件</th><th>说明</th></tr>
<tr><td>适用时间</td><td colspan="2">全岛封关运作前</td></tr>
<tr><td rowspan="2">适用主体</td><td colspan="2">1. 在海南自由贸易港注册登记；</td></tr>
<tr><td colspan="2">2. 具有独立法人资格的企业。</td></tr>
<tr><td>适用行业</td><td>从事交通运输业、旅游业</td><td>1. 航空企业须以海南自由贸易港为主营运基地。民航中南地区管理局负责按照国家有关规定对“零关税”进口航空器所经营航线及“主营运基地”进行具体认定。
2. 符合享受政策条件的企业名单，参照海南自由贸易港鼓励类产业目录[①] 中交通运输业、旅游业相关产业条目确定，动态调整。
3. 企业主体资格审核通过后自动列入符合享受政策条件的企业名单。</td></tr>
</table>

①海南自由贸易港鼓励类产业目录具体见《海南自由贸易港鼓励类产业目录（2020年本）》，包括以下4个产业目录：

1）《产业结构调整指导目录（2019年本）》（2021年修正）（适用于内资）；

2）《鼓励外商投资产业目录（2020年版）》（适用于外资），自2023年1月1日起废止；

3）《鼓励外商投资产业目录（2022年版）》（适用于外资），自2023年1月1日起生效；

4）《海南自由贸易港新增鼓励类产业目录》（适用于内资）。

注：《海南自由贸易港鼓励类产业目录（2020年本）》以相关部门最新发布的目录为准。

续表

海南交通工具及游艇“零关税”政策适用条件		
适用条件		说明
适用客体	进口用于交通运输业、旅游业的船舶、航空器、车辆等营运用交通工具及游艇	1. 正面清单管理：只有列入《海南自由贸易港“零关税”交通工具及游艇清单》（见二维码）的商品才能实施“零关税”政策。 注意：享受“零关税”的商品范围以税则号列为准。其中序号为72、税则号列为88052900的商品范围不包含零部件。① 2. 游艇：从境外进口的游艇船龄须在五年（从建造完工到进口）以下。 3. 车辆：根据现行政策规定，用于道路客（货）运经营服务的“零关税”进口车辆须满足以下条件：② （1）车辆税号在《海南自由贸易港“零关税”交通工具及游艇清单》内； （2）符合国家3C认证相关标准； （3）符合国家机动车排放标准； （4）符合国家机动车安全技术标准； （5）另购置用于道路班线客运、包车客运、旅游客运、城市公交、道路普通货运、道路货运专用运输、道路大型物件运输、道路危险货物运输和放射性物品道路运输服务的进口车辆，须符合交通运输部道路运输车辆达标车型目录有关要求。
使用用途	仅限企业营运自用	

①来源于《关于海南自由贸易港交通工具及游艇“零关税”政策的通知》的附件《海南自由贸易港“零关税”交通工具及游艇清单》；12360服务微信公众号：《关税聚焦｜〈海南自由贸易港交通工具及游艇“零关税”政策海关实施办法（试行）〉解读》。

②海南自由贸易港微信公众号：《在海南自贸港如何买“零关税”汽车？图解流程来了→》。

（二）政策优势

1. 进口环节税负为零

从进口环节税税率[①]来说，在全岛封关运作前，对在海南自由贸易港注册登记并具有独立法人资格，从事交通运输、旅游业的企业（航空企业须以海南自由贸易港为主营运基地），进口用于交通运输、旅游业的船舶、航空器、车辆等营运用交通工具及游艇，免征进口关税、进口环节增值税和消费税。

关税税率对比

	最惠国税率	普通税率	自贸港税率
车辆	15%	230%	0
飞机	3%	11%	
船舶游艇	9%	14%	

注意：以上税率只是车辆、飞机、船舶游艇的普遍关税税率参考，具体适用税率还需根据具体进口商品的税则号列确定。

进口增值税、消费税税率对比

	进口消费税税率	进口增值税税率	自贸港税率
车辆	5%	13%	0
飞机	0	13%	
船舶游艇	0	13%	

注意：以上税率只是车辆、飞机、船舶游艇的普遍进口增值税、消费税税率参考，具体适用税率还需根据具体进口商品的税则号列确定。

①关税、进口环节增值税和消费税。

海南自贸港“零关税”交通工具及游艇进口税率对比表见以下二维码：

❖ **注意：**

1. 享受“零关税”的商品范围以税则号列为准。
2. 税则号列不是一成不变的，税则号列会周期性调整，通常每年调整一次。企业在进行具体税则号列判断时，应以最新发布的《中华人民共和国进出口税则》为准。

2. 进口登记流程更简便

就船舶进口后的登记办证流程而言，境外船舶移籍“一事联办”创建跨部门联合审批工作机制，大幅度提升境外船舶移籍注册的便利性、时效性。

三、政策实施

“零关税”交通工具及游艇实行“一企一账”管理。

名单管理：进口企业按规定申报并经确认列入符合享受政策条件的企业名单后，在进口通关时自动享受“零关税”政策。

部门协同：海南省交通运输、文化旅游、市场监管、海事及民航中南地区管理局等主管部门，会同海南省财政厅、海口海关、国家税务总局海南省税务局确定企业名单，通过省政务信息共享交换平台与海口海关及海南社会管理信息化平台实现共享。

动态调整：主体资格可以随时申请，企业名单的审核确认条件根据海南自由贸易港鼓励类产业目录中交通运输、旅游业相关产业条目的调整情况进行动态调整。

企业申请适用“零关税”进口交通工具和游艇的大体流程如下：

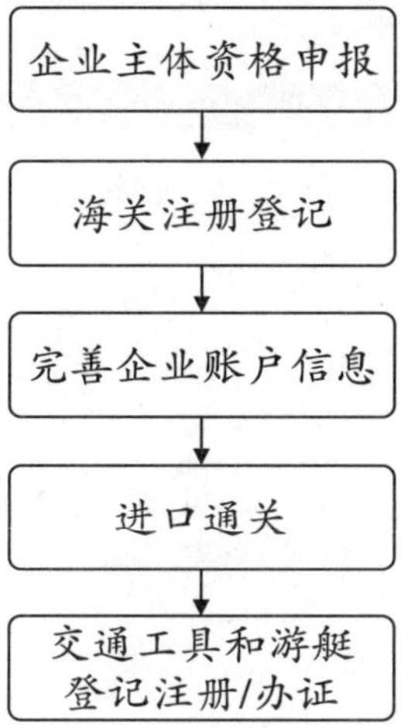

（一）企业主体资格申报

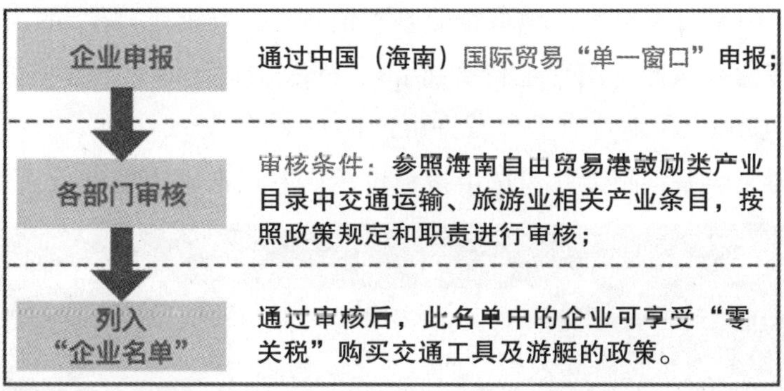

[1]

企业“零关税”进口交通工具及游艇前，通过“中国（海南）国际贸易单一窗口”的“海南特色应用—零关税区”的“交通工具与游艇”功能模块申报主体资格认定。经审核符合享惠主体资格的企业名单，由海南省交通运输厅通过系统平台推送至海口海关、海南省税务局。企（事）业单位可通过“中国（海南）国际贸易单一窗口”查询审核结果。具体操作流程如下：[2]

1. 企业通过中国（海南）国际贸易单一窗口登录后，从“海南特色应用—

①图片来自海南自由贸易港微信公众号的《在海南如何拥有一艘“零关税”进口游艇?》。

②参照《海南省交通运输厅关于海南自由贸易港“零关税”交通工具及游艇进口企业资格认定有关事宜的公告》。

零关税区—交通工具与游艇”菜单进入“企业主体申报”。（网址：http://www.singlewindow.hn.cn/hnsw-portal/index#）

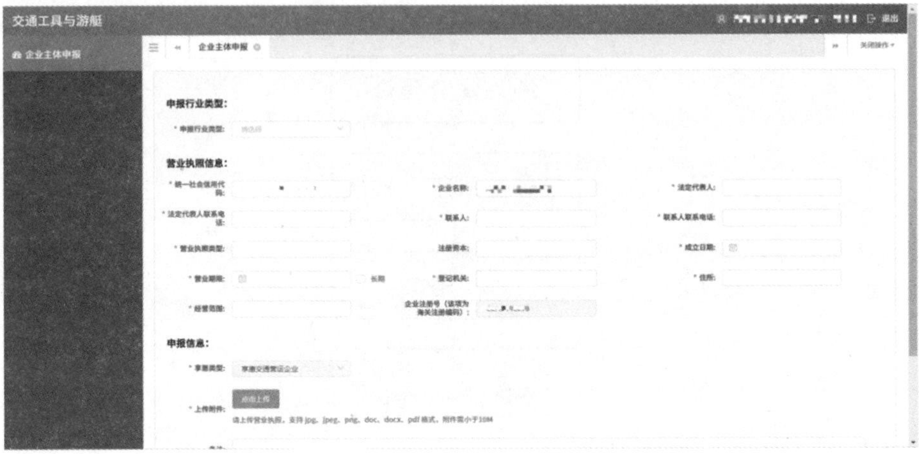

2. 选择申报行业类型、填写企业基本信息，选项前带“*”的为必填项。

3. 上传营业执照，附件上传支持jpg、png、doc、docx、pdf格式。（其中航空运营人还应提供民航业有关经营许可证件）

4. 填写完毕后，阅读并勾选申报单位承诺，点击确定后申报。

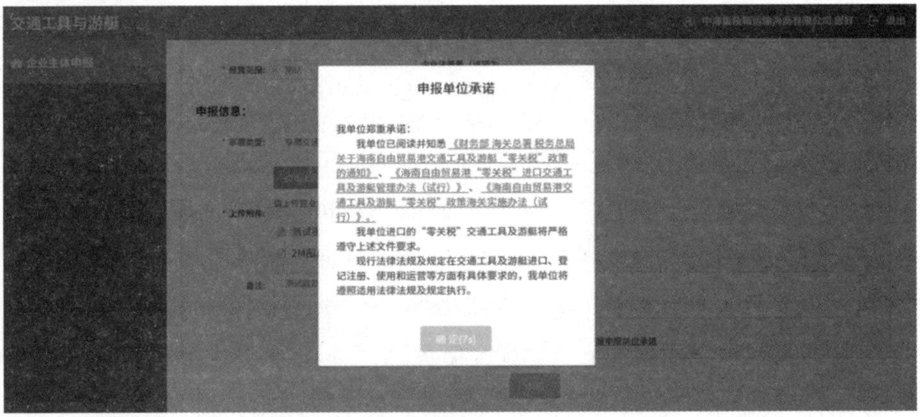

（二）海关注册登记

首次申报进口“零关税”交通工具及游艇的企业，应在中国海南国际贸易单一窗口或“互联网+海关”平台完成海关企业注册登记，并登录中国海南国际贸易单一窗口，选择“海南零关税进口生产设备、交通工具平台”完善企业账户信息。

企业办理海关注册登记的几种方式：①

1. 登录互联网+海关全国一体化在线政务服务平台—企业管理和稽查—进出口货物收发货人备案②。

2. 卡介质（电子口岸IC卡）登录中国国际贸易单一窗口—业务应用—标准版应用—企业资质—海关企业通用资质—企业备案—备案申请。具体流程可参考文件《“国际贸易单一窗口”（海关企业资质备案相关操作流程）》（见二维码）。

3. 未办理市场主体登记的，可以在向市场监管部门申请办理市场主体登记时，通过“多证合一”渠道同步申请报关单位备案，无须再向海关提交备案申请。

4. 前往企业所在地海关业务窗口提交纸质材料现场办理。

（三）企业账户信息完善

岛内企业在首次进口“零关税”交通工具（征免性质492“零关税”交通工具及游艇、494零关税交通工具游艇缴纳进口环节税）前登录“海南零关税进口设备、交通工具及游艇管理”平台建立账户信息。未建立企业账户信息的，首次申报进口设备、交通工具，“单一窗口”系统将予以退单。大体步骤见下表：

企业账户信息完善	
第一步	企业用户使用卡介质登录“单一窗口”系统后，在“标准版应用—加工贸易”中选择“海南零关税设备、交通工具及游艇”，登录零关税监管平台主界面。
第二步	点击“数据录入—账户管理备案”，进入“账户管理备案”界面。
第三步	用户阅读完提示信息，并点击【已阅读并接受】按钮，录入企业账户信息，分为“表头信息”和“表体信息”“随附单据”三部分。

①海南自由贸易港微信公众号：《海南自贸港“零关税”小汽车、游艇等怎么买？通关攻略来了》。

②《中华人民共和国海关法》第十一条规定：“进出口货物收发货人、报关企业办理报关手续，应当依法向海关备案。”

续表

企业账户信息完善	
具体可参考	《“单一窗口”标准版用户手册（海南零关税进口设备、交通工具平台以及游艇管理平台）》

（四）进口通关

企业通过中国（海南）国际贸易单一窗口办理通关手续。对涉及进口许可证件管理的，应提前办理自动进口许可证等进口监管证件，具体步骤见下表。

进口通关	
（1）电子口岸入网备案	
申办条件	
中国电子口岸入网备案办理首先需要企业完成海关企业注册备案，领取海关进出口收发货人备案回执。	
申办窗口	
中国电子口岸网站业务系统：https://e.chinaport.gov.cn/（建议使用谷歌或IE10以上浏览器）	
申办路径	
第一步	业务系统页面选择“身份认证管理系统”。
第二步	登录界面选择“用户密码”(使用已注册的中国国际贸易单一窗口用户名和口令登录)。
第三步	“身份认证管理系统”选择“企业备案”菜单，完成“法人信息录入”“企业操作员预录入”“企业海关资质备案”“企业外汇资质备案”4项备案的电子信息申报。
第四步	完成身份认证系统备案电子信息申报后，联系海南政务服务中心电子口岸办理窗口审批。
具体可参考	《中国电子口岸身份认证系统用户手册（企业分册）》

续表

<table>
<tr><th colspan="2">进口通关</th></tr>
<tr><th colspan="2">（2）进口许可</th></tr>
<tr><th colspan="2">航空器引进许可</th></tr>
<tr><td>取得航空器引进批文</td><td>1. 适用情形例外：通航企业无须提供①
2. 申请主体：进口企业
3. 办理机构：主管部门通常为发展改革委和中国民航局，如申请注册号时还不能提供批文，则申请国籍证时必须提供批文</td></tr>
<tr><td>申请民用航空器（发动机、螺旋桨）型号认可证（TC/VTC）②</td><td>1. 适用情形：首次进口中国情形下适用
2. 申请主体：出口民用航空器的单位或者个人
3. 办理机构：中国民用航空局航空器适航审定司
4. 服务事项：民用航空器（发动机、螺旋桨）型号合格证/型号认可证（TC/VTC）核发</td></tr>
<tr><th colspan="2">自动进口许可（如适用）</th></tr>
<tr><th colspan="2">申办窗口</th></tr>
<tr><td colspan="2">海南政务服务网：https://wssp.hainan.gov.cn/</td></tr>
<tr><th colspan="2">申办路径</th></tr>
<tr><td colspan="2">海南政务服务网—法人服务—商务厅—机电产品自动进口许可（不见面模式）</td></tr>
<tr><td rowspan="2">注意</td><td>电子口岸入网备案和进口许可可同时办理。</td></tr>
<tr><td>“零关税”营运车辆进口许可及通关具体操作流程及指引可参见《海南省交通运输厅 海南省商务厅 海南省公安厅 中华人民共和国海口海关关于海南自由贸易港“零关税”营运车辆进口及登记指引的公告》（见二维码）。</td></tr>
</table>

①民航局发布《关于取消通用航空器引进审批（备案）程序的通知》（民航发〔2017〕27号），决定对个人或企业引进一般通用航空器和喷气公务机不再实施审批和备案。

②民航行政审批服务平台：民用航空器（发动机、螺旋桨）型号合格证/型号认可证（TC/VTC）核发，https: //zwfw.caac.gov.cn/wsbs/zhinan/C2C4B6AAF49E4608BA48A13999C209D6，最后访问时间：2023年1月10日。

续表

<table>
<tr><th colspan="3">进口通关</th></tr>
<tr><th colspan="3">（3）进口通关</th></tr>
<tr><td>第一步</td><td colspan="2">“零关税”进口交通工具和游艇作为进口货物到达指定码头。</td></tr>
<tr><td>第二步</td><td colspan="2">进口企业收到海关到货通知。</td></tr>
<tr><td>第三步</td><td colspan="2">准备进口报关文件（进口企业或委托报关行）。</td></tr>
<tr><td rowspan="9">第四步</td><td colspan="2">录入报关单，上传附随单据（进口企业或委托报关行）。</td></tr>
<tr><td colspan="2">企业进口“零关税”交通工具及游艇申报，进口报关单填报要求：</td></tr>
<tr><td>填报栏目</td><td>填报要求</td></tr>
<tr><td>申报地海关</td><td>“海口海关”下设的隶属海关或业务现场的关区名称及代码（不含“三沙海关”）。</td></tr>
<tr><td>征免性质</td><td>1.“零关税交通工具及游艇”（代码：492）；
2. 如企业进口“零关税“交通工具及游艇，自愿缴纳进口环节增值税和消费税的，应当在报关时将征免性质填报为“零关税交通工具及游艇（缴纳进口环节税）”（代码：494）。</td></tr>
<tr><td>监管方式</td><td>1.“一般贸易”（代码：0110）
2.“租赁不满1年”（代码：1500）
3.“租赁贸易”（代码：1523）</td></tr>
<tr><td>征减免税方式</td><td>“随征免性质”（代码：5）</td></tr>
<tr><td>消费使用单位</td><td>企业名称</td></tr>
<tr><td colspan="2"></td></tr>
<tr><td>第五步</td><td colspan="2">单证审核无误且无查证指令，海关放行。如征免性质为494的，企业缴纳相关进口税款后放行。[①]</td></tr>
<tr><td>第六步</td><td colspan="2">进口企业至码头提货。</td></tr>
</table>

（五）交通工具及游艇登记注册

企业进口“零关税”交通工具及游艇后，应依照现行有关规定到省交通运输厅、省旅游和文化广电体育厅、省公安厅、海南海事局等行业主管部门办理登记注册手续。核发所有权证书时，将标记“零关税”标识，并按照政策规定和有关行业管理规定注明监管要求。[②]

①海南自由贸易港微信公众号：《在海南如何拥有一艘“零关税”进口游艇?》。

②《海南自由贸易港“零关税”进口交通工具及游艇管理办法（试行）》第七条。

旅游文体企业进口"零关税"滑翔机及悬挂滑翔机、气球、飞艇及其他无动力航空器、娱乐或运动用的充气快艇、划艇及轻舟、帆船后，应当在7个工作日内向所在地旅游文体主管部门报备。可在海南政务服务网—"零关税"进口旅游文体类交通工具备案办理。[①]

1. 营运车辆——注册登记及备案许可[②]

营运车辆注册登记及备案许可		
类型一：零关税进口小客车（9座及以下）用于汽车租赁经营服务		
第一步	申请车辆上牌指标	至住所地小客车保有量调控管理机构办理。企业须书面承诺购置车辆使用性质为"租赁"。[③]
第二步	车辆注册登记	至住所地公安机关交通管理部门办理，使用性质为"租赁"。
第三步	办理车辆租赁备案	自取得车牌号码之日起60日内至所属交通运输管理部门办理。按照交通运输部《小微型客车租赁经营服务管理办法》要求办理备案手续。
类型二：零关税进口客车（9座以上）用于道路班线客运、包车客运、旅游客运、城市公交经营服务		
第一步	办理道路运输经营许可证	企业须按照相关法律法规[④]取得相应道路经营许可或城市公交特许经营许可，且经许可地交通运输管理部门或省级道路运输管理机构批复同意。
第二步	车辆注册登记	至住所地公安机关交通管理部门办理。使用性质应依据国家公共行业标准《道路交通管理机动车类型》（GA802-2019）确定的营运类别予以登记。
第三步	办理车辆营运许可	应在批复文件时限要求内按规定至所属交通运输管理部门或省级道路运输管理机构办理营运许可手续。

①《海南自由贸易港"零关税"进口交通工具及游艇管理办法（试行）》第八条。

②海南自由贸易港微信公众号：在海南自贸港如何购买"零关税"汽车？图解流程来了→，https://mp.weixin.qq.com/s/HHaDFXew40nQOn8S1hMLIA，最后访问时间：2023年1月10日。

③申请"零关税"进口小客车的指标不适用《海南省小客车保有量调控管理办法（试行）》，不能在海南省小客车保有量调控管理信息系统申请指标，需至当地车管所进行线下办理，具体请咨询当地车管所，咨询热线：0898-68835091、0898-68835092、0898-68835099。

④如《中华人民共和国道路运输条例》《道路旅客运输及客运站管理规定》《海南经济特区道路旅游客运管理若干规定》和《城市公共汽车和电车客运管理规定》等。

续表

营运车辆注册登记及备案许可		
类型三："零关税"进口货车用于道路普通货运、道路货物专用运输、道路大型物件运输、道路危险货物运输和放射性物品道路运输服务		
第一步	办理道路运输经营许可	企业须按相关法律法规[①]取得道路运输经营许可证。
第二步	车辆注册登记	至住所地公安机关交通管理部门办理。
第三步	办理车辆营运许可	至所属交通运输管理部门或省级道路运输管理机构办理。

2. 船舶、游艇——登记办证

根据相关法律法规[②]，船舶（含游艇）在海南水域航行应持有有效的船舶国籍证书、船舶检验证书或者国家认可的其他适航性证明文件。

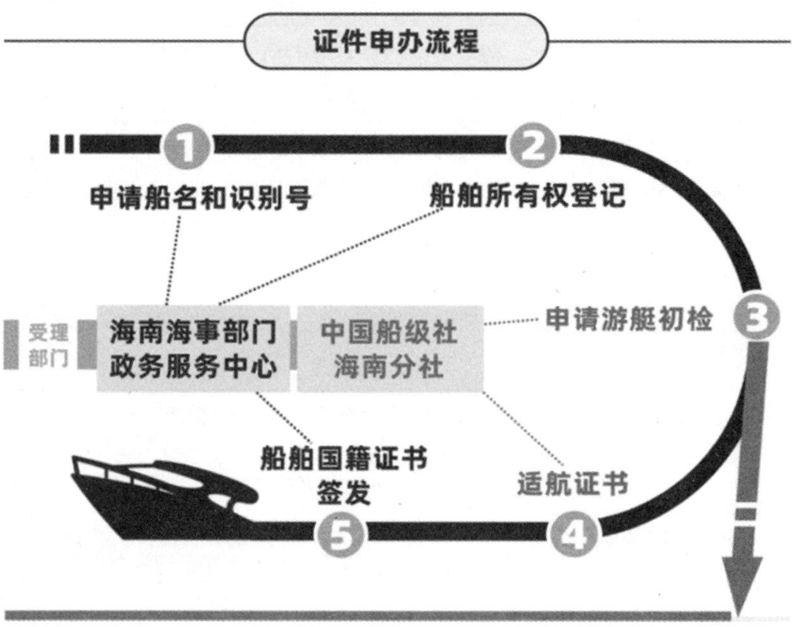

①如《道路货物运输及站场管理规定》《道路危险货物运输管理规定》《放射性物品道路运输管理规定》等。

②如《中华人民共和国船舶登记条例》《中华人民共和国船舶登记办法》《海南省游艇管理办法》等。

> **AIS和北斗卫星导航定位系统等设备安装**
>
> **步骤3** 在船舶、游艇满足办理所有权登记条件下申请。同时，船级社在登船（艇）检验后，将及时将有关数据发送海事部门。“零关税”进口船舶、游艇在取得海事部门签发的国籍及游艇法定证书前应按中国法规要求安装AIS、北斗卫星导航定位系统和消防、救生、航行设备等，船舶检验机构应在完成检验后的2个工作日内将相关信息推送至海南社会管理信息化平台。

①

3. 航空器——登记办证

航空器登记办证		
序号	程序	说明
1	取得航空器引进批文	1. 适用情形例外：通航企业无须提供；② 2. 申请主体：进口企业； 3. 办理机构：主管部门通常为发改委和中国民航局，如申请注册号时还不能提供批文，则申请国籍证时必须提供批文。
2	申请民用航空器（发动机、螺旋桨）型号认可证（TC/VTC）③	1. 适用情形：首次进口中国情形下适用； 2. 申请主体：出口民用航空器的单位或者个人； 3. 办理机构：中国民用航空局航空器适航审定司； 4. 服务事项：民用航空器（发动机、螺旋桨）型号合格证/型号认可证（TC/VTC）核发。

---

①《海南自由贸易港“零关税”进口交通工具及游艇管理办法（试行）》第十条、《海南省交通运输厅关于明确“零关税”进口船舶及游艇管理有关问题的通知》第二条。图片来自海南自由贸易港微信公众号中的《在海南如何拥有一艘“零关税”进口游艇?》。

1）船舶识别码使用核准：https://www.hn.msa.gov.cn/zwdt_1_3/37386.jhtml。

2）船舶所有权登记：https://www.hn.msa.gov.cn/zwdt_1_3/21638.jhtml。

3）船舶国籍证书核发：https://www.hn.msa.gov.cn/zwdt_1_3/21624.jhtml。

②《关于取消通用航空器引进审批（备案）程序的通知》（民航发〔2017〕27号）：个人或企业引进一般通用航空器和喷气公务机不再实施审批和备案。

③民用航空器（发动机、螺旋桨）型号合格证/型号认可证（TC/VTC）核发：https://zwfw.caac.gov.cn/wsbs/zhinan/C2C4B6AAF49E4608BA48A13999C209D6。

续表

航空器登记办证		
序号	**程序**	**说明**
3	国籍标志和登记标志预留申请①	1. 申请主体：进口企业； 2. 申请时间：可在航空器交付前6个月内向民航局适航管理部门申请国籍标志和登记标志的预留； 3. 办理机构：中国民用航空局航空器适航审定司。
4	航空器喷涂方案备案	民用航空器国籍登记证申请人应当将每一型号航空器外部喷涂方案的工程图（侧视、俯视、仰视图）及彩图或者彩照报民航局适航管理部门备案。备案时，申请人应确保喷涂方案符合CCAR-45部相关规定并做出承诺。民航局适航管理部门将基于申请人的承诺，予以备案。②
5	申请国籍登记证③	1. 申请主体：进口企业； 2. 办理机构：中国民用航空局航空器适航审定司； 3. 服务事项：民用航空器已有经营许可证的申请人申请国籍登记证核发。
6	民用航空器权利登记④	1. 申请主体：进口企业； 2. 办理机构：中国民用航空局； 3. 服务事项：民用航空器权利登记。
7	标准适航证申请⑤	1. 申请主体：进口企业； 2. 办理机构：中国民用航空局航空器适航审定司； 3. 服务事项：民用航空器标准适航证申请和颁发。
8	无线电台执照申请⑥	1. 申请主体：进口企业； 2. 办理机构：中国民用航空局空管行业管理办公室； 3. 服务事项：民用航空器电台执照办理。

①《民用航空器国籍登记管理程序》（文号：民航规〔2022〕38号，编号：AP-45-AA-2022-01R4），具体见：https://amos.caac.gov.cn/#/laws，最后访问时间：2023年7月17日。

②《民用航空器国籍登记管理程序》（文号：民航规〔2022〕38号，编号：AP-45-AA-2022-01R4），具体见：https://amos.caac.gov.cn/#/laws，最后访问时间：2023年7月17日。

③民用航空器已有经营许可证的申请人申请国籍登记证核发：https://zwfw.caac.gov.cn/wsbs/zhinan/BC310789BB614516BC2D65181BCFCEFC。

④民用航空器权利登记：https://zwfw.caac.gov.cn/wsbs/zhinan/9DF845ADE50441E49585C8C7035EBC7D。

⑤民用航空器标准适航证申请和颁发：https://zwfw.caac.gov.cn/wsbs/zhinan/2F6614CB799146EBA1F8EB5008EC2232。

⑥民用航空器电台执照办理：https://zwfw.caac.gov.cn/wsbs/zhinan/EF73BB692E8744969BB6DD25C8190BFF。

四、政策监管

（一）年限

<table>
<tr><th colspan="3">海南交通工具及游艇“零关税”政策监管年限</th></tr>
<tr><td colspan="3">零关税交通工具及游艇应在海南自由贸易港登记入籍并在海南营运自用，接受海关及相关政府部门监管。</td></tr>
<tr><td rowspan="2">监管年限</td><td>船舶（含游艇）及航空器</td><td>8年</td></tr>
<tr><td>车辆</td><td>6年</td></tr>
<tr><td>监管起算点</td><td colspan="2">自货物放行之日起计算</td></tr>
<tr><td>监管终结点</td><td colspan="2">监管年限届满自动解除海关监管</td></tr>
</table>

（二）管理

<table>
<tr><th colspan="3">“零关税”交通工具及游艇管理</th></tr>
<tr><th colspan="2">监管措施</th><th>说明</th></tr>
<tr><td>总体条件</td><td colspan="2">仅限进口企业营运自用，应在海南自由贸易港登记、入籍，按照主管部门相关规定开展营运，并接受监管。</td></tr>
<tr><td>海关年报</td><td colspan="2">在海关监管年限内，企业在每年6月30日（含当日）以前向主管海关或所在地海关提交上一年度“零关税”营运车辆使用情况的报告时，同时抄送省交通运输厅和属地交通运输主管部门。超过规定期限未提交的，海关按照有关规定将其列入信用信息异常名录。[①]</td></tr>
<tr><td>航空器、船舶管理</td><td>航空器、船舶应经营自海南自由贸易港始发或经停海南自由贸易港的国内外航线。[②]</td><td>1. 航空器：航空器所属企业须以海南自由贸易港为主营运基地。[③]</td></tr>
</table>

---

①《中华人民共和国海关进出口货物减免税管理办法》（2020）第十五条：在海关监管年限内，减免税申请人应当于每年6月30日（含当日）以前向主管海关提交《减免税货物使用状况报告书》，报告减免税货物使用状况。超过规定期限未提交的，海关按照有关规定将其列入信用信息异常名录。

减免税申请人未按照前款规定报告其减免税货物使用状况，向海关申请办理减免税审核确认、减免税货物税款担保、减免税货物后续管理等相关业务的，海关不予受理。减免税申请人补报后，海关可以受理。

②《关于海南自由贸易港交通工具及游艇“零关税”政策的通知》。

《海南省交通运输厅关于明确“零关税”进口船舶及游艇管理有关问题的通知》第一条规定，“（船舶）自海南自由贸易港始发或经停”是指进入海南自由贸易港通航水域，并发生船港界面活动。

③《关于海南自由贸易港交通工具及游艇“零关税”政策的通知》。

《海南自由贸易港“零关税”进口交通工具及游艇管理办法（试行）》第十三条规定：民航中南地区管理局负责按照国家有关规定对“零关税”进口航空器所经营航线及“主营运基地”进行具体认定。

续表

"零关税"交通工具及游艇管理		
监管措施		说明
航空器、船舶管理	航空器、船舶应经营自海南自由贸易港始发或经停海南自由贸易港的国内外航线。	2. 船舶： (1) 经营内贸航线船舶，每年至少要有6个航次； (2) 经营外贸航线船舶，每年至少要有1个航次； (3) 经营内外贸兼营航线的船舶，每年至少始发或经停海南自由贸易港6个航次或一个年度周期内仅从事外贸航线业务，每年必须至少始发或经停海南自由贸易港1个航次。①
游艇管理	营运范围为海南全省。	滑翔机及悬挂滑翔机、气球、飞艇及其他无动力航空器、巡航船、游览船、渡船、娱乐或运动用的充气快艇、划艇及轻舟、帆船等仅限在海南省内使用。 "零关税"进口游艇航行区域在适航证书中予以明确，规定在海关监管期内仅限在海南省管辖水域航行。②

①根据《海南省交通运输厅关于明确"零关税"进口船舶及游艇管理有关问题的通知》第一条的规定：

1)"经营内贸航线的船舶"是指从事国内水路运输且取得相应有效的《船舶营业运输证》的船舶。

2)"经营外贸航线的船舶"是指从事国际运输或大陆与台湾、港澳间海上运输业务的船舶。其中从事国际散装液体危险货物和旅客运输的船舶，应取得有效的《国际海上运输船舶备案证明书》；从事国际集装箱和普通货物运输的船舶，应取得有效的交通运输管理部门备案证明材料。从事内地往返港澳散装液体危险货物和旅客运输的船舶，应取得有效的批准文件；从事内地往返港澳集装箱和普通货物运输的船舶，应取得有效的交通运输管理部门备案证明材料。从事大陆和台湾地区间运输的船舶，应取得有效的《台湾海峡两岸间船舶营运证》。

3)"经营内外贸兼营航线的船舶"是指同时具备外贸经营资质和内贸经营资质的船舶。经营内外贸兼营航线的船舶，必须满足每年至少始发或经停海南自由贸易港6个航次的要求。若一个年度周期内仅从事外贸航线业务，则仅需满足每年必须至少始发或经停海南自由贸易港1个航次的要求。

4)"每年"是指以"零关税"进口船舶自海关放行之日起一年内（365天）为一个年度周期。

②《海南省交通运输厅关于明确"零关税"进口船舶及游艇管理有关问题的通知》第三条。

续表

<table>
<tr><th colspan="4">“零关税”交通工具及游艇管理</th></tr>
<tr><th colspan="3">监管措施</th><th>说明</th></tr>
<tr><td rowspan="2">车辆管理</td><td>营运范围</td><td>“零关税”营运车辆的客货运输作业既可以在海南岛内，也可以往来内地。</td><td>营运车辆是指：
（1）客运车辆：用于道路班线客运、包车客运、旅游客运、城市公交、小微型客车租赁经营服务和符合新能源要求的巡游出租汽车、网络预约出租汽车经营服务的“零关税”客运车辆；
（2）货运车辆：用于道路货运（含普通货物运输、专用运输和大件运输）、危货运输经营服务的“零关税”货运车辆。</td></tr>
<tr><td>往来内地“零关税”车辆管理</td><td>1. 始发地和目的地要求
往来内地的运输作业，始发地和目的地至少有一端要在海南自由贸易港内。
2. 停留天数要求
往来内地的“零关税”车辆内地停留天数要求：
（1）属于“点对点”“即往即返”的，内地停留时间不受天数限制；
（2）不属于“点对点”“即往即返”的，内地停留时间每年累计不超过120天（按照自然日计算，不计次数）。
（3）对从事海南自由贸易港到内地“点对点”“即往即返”的“零关税”客、货运输车辆违反相关规定的[①]，将按照其他“零关税”营运车辆年度进出岛时间累计不超过120天规定进行管理。</td><td>1.“点对点”“即往即返”
指从海南自由贸易港出发到内地开展客、货运输服务，停留地点和行驶路线相对固定，装卸客、货后即行返回的运输方式。
2.“点对点”“即往即返”的“零关税”车辆
（1）从海南自由贸易港到内地“点对点”“即往即返”的“零关税”客运车辆，是指依法取得营运许可，从事省际班线客运、省际包车客运和省际旅游客运的车辆。
（2）从海南自由贸易港到内地“点对点”“即往即返”的“零关税”货运车辆，是指依法取得道路货运经营许可，其货运服务起讫点至少一端在海南自由贸易港内，行驶路线和停留地点相对固定，装卸货物后即行返回的车辆。</td></tr>
</table>

① 相关规定指《财政部 海关总署 税务总局关于海南自由贸易港交通工具及游艇“零关税”政策的通知》。

续表

<table>
<tr><th colspan="3">“零关税”交通工具及游艇管理</th></tr>
<tr><th colspan="2">监管措施</th><th>说明</th></tr>
<tr><td rowspan="2">车辆管理</td><td>进出岛时间和在内地停留天数监管</td><td>“零关税”营运车辆进出岛时间和在内地停留天数，由省交通保障中心根据琼州海峡轮渡联网售票系统、海南省“零关税”进口交通工具及游艇监管系统（简称监管系统）进行联网采集和分析甄别。
（1）对出岛停留每自然年度累计达到100天的车辆，省交通保障中心通过监管系统向车辆所有人发送告知信息予以提醒。
（2）对出岛停留每自然年度累计超出120天的车辆，省交通保障中心向车辆所有人发送告知信息，同时将该车辆当年的进出岛明细记录数据等信息通过省政务信息共享交换平台提供给海口海关、国家税务总局海南省税务局。在实现联网传输前，由省交通运输厅以函告形式定期提供相关信息。</td></tr>
<tr><td>“点对点”“即往即返”车辆信息备案</td><td>1. 总体规定
从海南自由贸易港到内地“点对点”“即往即返”的“零关税”客货运输车辆所属企业，向省内营运所在地市县交通运输主管部门按照附表（见二维码）要求将有关车辆信息申请备案。
2. 备案时间
（1）省际班线客运企业：应在取得道路运输证之日起15个工作日内申请备案。经营车辆未发生变化的情况下，一年填报一次。
（2）省际包车客运、省际旅游客运、货运（含普通货物运输、专用运输和大件运输）、危货运输等企业：应在开展相应业务前提前至少1个工作日申请备案。</td></tr>
</table>

（三）处置

在监管年限内，若“零关税”进口的交通工具及游艇需要转让、转移、抵押贷款、提前解除监管的，需要事先通过“海南零关税进口生产设备、交通工具平台”向主管海关提出申请，经海关审核同意后，才可办理相关手续。未经海关许可，擅自将海关监管货物抵押、质押、留置、转让、更换标记、移作他用或者进行其他处置的，处货物价值5%以上30%以下罚款，有违法所得的，没收违法所得。[①]对其主管人员和直接责任人员予以警告，可以处5万元以下罚款，有违法所得的，没收违法所得。[②]关于转让、转移、抵押贷款、提前解除监管的操作流程大体如下，具体可参考《“单一窗口”标准版用户手册（海南零关税进口设备、交通工具平台以及游艇管理平台）》（见二维码）。

1. 转让

<table>
<tr><th colspan="2">转让</th></tr>
<tr><th colspan="2">情形一：转让给岛内企业（转让登记）</th></tr>
<tr><th>手续</th><th>说明</th></tr>
<tr><td>转让登记申请</td><td>“转让”是指在海关监管年限内，岛内企业将“零关税”交通工具转让给其他符合享惠条件的岛内企业的，需要办理零关税交通工具的转让登记手续。零关税交通工具在岛内企业之间转让的，自行办理登记手续，无须补缴进口税款。
（1）转出企业：转让转出登记申请。转出企业应通过“海南零关税进口设备、交通工具以及游艇管理平台”填报　“转让登记清单（转出）”。
（2）转入企业：转让转入登记申请。转入企业应通过“海南零关税进口设备、交通工具以及游艇管理平台”填报　“转让登记清单（转入）”。</td></tr>
</table>

①《中华人民共和国海关法》（2021修正）第八十六条、《中华人民共和国海关行政处罚实施条例》（2022修订）第十八条。

②《中华人民共和国海关行政处罚实施条例》（2022修订）第三十二条。

续表

<table>
<tr><th colspan="2">转让</th></tr>
<tr><th colspan="2">情形二：转让给岛外企业（特殊情况转让）</th></tr>
<tr><th>手续</th><th>说明</th></tr>
<tr><td>特殊情况转让申请+补税</td><td>在海关监管年限内，岛内企业需要将“零关税”交通工具转让给岛外企业的，需要向海关做特殊情况转让申请，海关审核通过并办理补税手续。</td></tr>
<tr><th colspan="2">补税的完税价格</th></tr>
<tr><td colspan="2">1. 补税的完税价格＝“零关税”交通工具及游艇原进口时的完税价格×［1-“零关税”交通工具及游艇已进口时间/（监管年限×12）］
2.“零关税”交通工具及游艇已进口时间自货物放行之日起按月计算。不足1个月但超过15日的按1个月计算；不超过15日的，不予计算。
3. 自税款补缴并办结海关相关手续之日起，“零关税”交通工具及游艇解除海关监管。</td></tr>
</table>

2. 转移

<table>
<tr><th colspan="2">转移登记（转移给岛内企业使用）</th></tr>
<tr><th>手续</th><th>说明</th></tr>
<tr><td>转移登记</td><td>1. 转移登记：“转移”是指在海关监管年限内，岛内企业将“零关税”交通工具转移给其他岛内企业使用，需要办理“零关税”交通工具的转移登记手续。“零关税”交通工具在岛内企业之间转移的，自行办理转移登记手续，无须补缴进口税款。
2. 结束转移登记：“零关税”交通工具转移使用结束时，岛内企业办理转移结束登记手续。
3. 自动解除监管：“零关税”交通工具在转移使用期间到达监管年限的，自动解除监管。</td></tr>
</table>

3. 抵押

<table>
<tr><th colspan="2">贷款抵押</th></tr>
<tr><th>手续</th><th>说明</th></tr>
<tr><td>贷款抵押+税款担保</td><td>“零关税交通工具贷款抵押”是指在海关监管年限内，岛内企业以零关税进口交通工具向境内或境外金融机构办理贷款抵押的，应事先通过“海南零关税进口设备、交通工具平台”向海关提出申请，并提供海关认可的税款担保，经海关审核通过后，方可办理抵押贷款相关手续。</td></tr>
<tr><td>注意</td><td>企业不得以“零关税”交通工具及游艇向银行或非银行金融机构以外的公民、法人或者非法人其他组织办理贷款抵押。</td></tr>
</table>

4. 提前解除

提前解除监管	
手续	**说明**
提前解除监管	“‘零关税’进口设备、交通工具的提前解除监管”是指在海关监管年限内，岛内企业需要申请零关税交通工具提前解除监管的，需向海关申请，海关审核通过并办理补税或退运手续后，提前解除监管手续。提前解除监管包括以下两种情形： （1）补税解除监管——需补缴税款； （2）退运解除监管——无须补缴税款。

（四）海关稽核查

海关依照《中华人民共和国海关法》和《中华人民共和国海关稽查条例》等相关规定，对进口和使用“零关税”交通工具及游艇的相关企业实施稽核查。具体来说，自进口货物放行之日起3年内或者在保税货物、减免税进口货物的海关监管期限内及其后的3年内，对与进口货物直接有关的企业、单位的会计账簿、会计凭证、报关单证以及其他有关资料和有关进口货物进行核查，监督其进口活动的真实性和合法性。

五、实例参考

2020年12月25日，海南自由贸易港交通工具及游艇“零关税”政策落地。海南海丰航运有限公司即有进口“零关税”集装箱船舶意向。马村港海关了解到该公司的意向后，迅速组织工作专班，提前介入对接企业需求，建立工作专项微信群，沟通协调有关职能部门、船舶输入地海关等相关部门单位，精准服务，提供通关办理事项、工作流程及监管证件方面的专业指导，及时解决通关疑难，助推“零关税”集装箱船舶顺利通关。[①]2021年5月11日，由海南海丰航运有限公司进口的集装箱船舶“海丰海口”轮[②]在海口海关所属马村港海关顺利通关放行，船舶价值6500万元，减免税款约1500万元，这是海南自贸港首艘

①海南日报：《海南自贸港首艘“零关税”进口集装箱船舶在马村港海关通关放行》，https://mp.weixin.qq.com/s/8k-5rrJR46l0hx6v0e2O_g。

②海丰国际控股有限公司：《海南自贸港首艘“零关税”进口集装箱船舶 “海丰海口”轮投入运营》，https://www.sitc.com/show.asp?id=1194。

“零关税”进口集装箱船舶。[①]

适用主体及行业：海南海丰航运有限公司作为注册在海南的有限责任公司，从事交通运输业，满足海南“零关税”进口交通工具及游艇的适用主体及行业条件。

适用时间、客体及使用用途：海南海丰航运有限公司于2021年申请进口的“海丰海口”轮在《海南自由贸易港“零关税”交通工具及游艇清单》内，且用于企业营运自用，经营海南自由贸易港始发或经停海南自由贸易港的国内外航线，满足海南“零关税”进口交通工具及游艇的适用时间和客体、使用用途条件。

① 海南日报：《海南自贸港首艘“零关税”进口集装箱船舶在马村港海关通关放行》，https://mp.weixin.qq.com/s/8k-5rrJR46l0hx6v0e2O_g。

第四章　海南自由贸易港自由贸易账户（FT账户）政策助力现代服务业开放创新

一、政策背景

2018年10月16日，《中国（海南）自由贸易试验区总体方案》提出，要“加快金融开放创新……进一步扩大人民币跨境使用、探索资本项目可兑换、深化外汇管理改革、探索投融资汇兑便利化，扩大金融业开放，为贸易投资便利化提供优质金融服务”。可见，海南自由贸易港金融开放创新的重点在于提升金融服务贸易投资的能力，以实现贸易投资自由化和便利化。

资金的自由流动是最基本和最核心的要素流动，是贸易投资自由化便利化的前提条件，而银行账户是金融市场运行的基础。海南全岛封关运作后，一方面，海南自由贸易港的市场主体开展跨境贸易投融资的相关资金和金融资产将实现“一线放开”。海南自由贸易港既是国内市场的一部分，也是国际市场的一部分，资金的持有、交易、结算都将有别于内地，跨境资金流动的自由便利程度大大提高。另一方面，因海南自由贸易港内同时存在在岸和离岸两种性质不同的资金，要“二线”管住，在保持海南与内地资金自由流动的前提下，对用于境内经济活动的资金和用于对外经贸活动的资金进行分别核算、相互隔离，防止境外资金冲击内地金融市场。因此，需要一套有别于封关前的账户体系来服务新的金融活动并落实相关监管规则。

2019年1月1日，海南自由贸易账户体系正式上线运行。目前可以办理FT账户业务的金融机构为中行、浦发、工行、光大、兴业、建行、农行、交行、中信、招商和平安等11家银行的自由贸易港分支行，业务覆盖整个自由贸易港。

二、政策解读

（一）FT账户支持跨境资金结算便利

海南FT账户是银行等金融机构为在自贸区内的境内外客户开立的本外币合一账户。FT账户独立于现有的本外币银行账户体系，但是仍然按照银行结算账户管理制度管理。在制度设计上，除少数资本项目用途外，FT账户与境外是完全打通的，为自贸区内企业涉足海外市场、满足实体经济所需的贸易结算和跨境投融资汇兑提供了便利；而FT账户与境内账户之间，则是有限渗透，按照一定规则可以人民币进行划转。

FT账户的特点：

1. 分账核算，与境内账户相隔离；
2. 本外币合一可兑换账户；
3. “一线”放开、“二线”管住、有限渗透；
4. 跨二线（境内）只能划转人民币；
5. 适用离岸汇率，即CNH汇率。

简单理解，对境内企业来说，开通自由贸易账户可实现与境外资金的自由汇兑，享受国际结算、贸易融资等跨境金融服务，开展离岸经贸业务；对境外企业来说，则意味着可以按准入前国民待遇原则[①]，获得境内银行的结算、存款、融资、结售汇等金融服务。

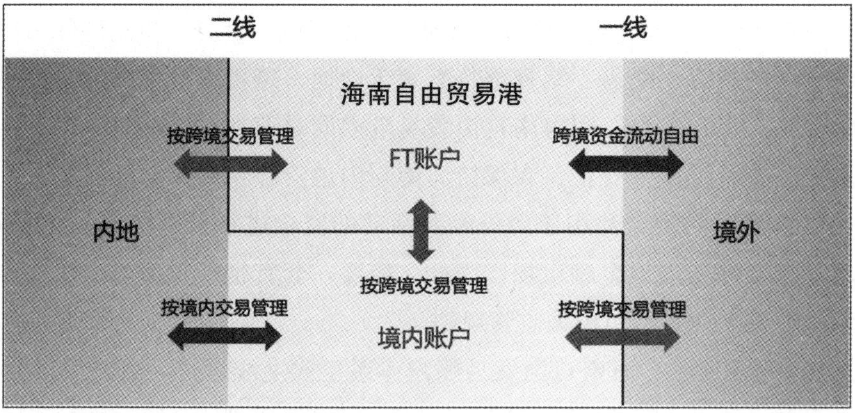

海南自由贸易港跨境资金流动示意图

①准入前国民待遇，是指国民待遇延伸至投资准入阶段，即在企业设立、取得、扩大等阶段给予外国投资者及其投资不低于本国投资者及其投资的待遇。

（二）FT账户服务对象

境外机构和自贸区内主体（包括区内机构、区内境外个人）均可开立FT账户，但境内区外的机构及个人不得开立FT账户。FT账户既可作为基本账户，也可作为专用账户，不强制要求对经常项目和资本项目分别开立账户。

账户类型		账户标识	适用客户
机构类	自贸区内机构 自由贸易账户	FTE	（1）在海南自由贸易港内依法成立的企业（包括法人和非法人组织）；（2）境外机构驻海南自由贸易港内机构；（3）海南自由贸易港内注册的个体工商户。
	境外机构 自由贸易账户	FTN	在境外（含港、澳、台地区）注册成立的法人和其他组织。
	金融同业 自由贸易账户	FTU	其他金融机构的自贸区分账核算单元和境外金融机构。
个人类	自贸区内境外个人 自由贸易账户	FTF	持有境外身份证件、在自贸区内工作一年以上、持有中国境内就业许可证的境外（含港、澳、台地区）自然人。

（三）资金划转遵循“一线”放开、“二线”管住原则

FT账户可以办理的跨境资金结算有以下几类：

1. 经常项下业务，如进出口货物贸易、跨境服务贸易、离岸贸易、劳务工资、投资收益等；

2. 资本项下业务，如对外直接投资、外商直接投资、QDLP和QFLP、跨境融资贷款等；

3. 投融资汇兑创新业务，如全功能型跨境双向人民币资金池。

相较于境内普通账户以居民和非居民之间的“跨境”界线为资金监管方向，FT账户在居民和非居民之间的“跨境”界线实行“一线放开”，但是在FT账户和现有本外币账户之间落实资金流动“二线管住”。总体而言，FT账户的资金划转适用“一线宏观审慎，二线有限渗透＋严格管理”原则，具体规则①如下：

1. 一线划转，即FT账户与境外账户、境内的非居民账户（NRA、OSA账户）以及FT账户之间的划转。

①此处的划转规则仅针对机构FT账户，个人FT账户的划转规则有待进一步明确。

宏观审慎——原则上，银行可凭客户提交的收付款指令直接办理人民币或外币资金划转，客户无须提供佐证业务背景或交易真实性的资料（如合同、发票、报关单证、批文等）。

客户提交的收付款指令应包括收付款人、收付款人国别、交易编码、相关单据号、资本项下相关批件/备案号等信息，并与真实的交易背景一致。

2. 二线划转，即FT账户与境内普通账户（含同户名账户）之间的划转。

有限渗透——只能以人民币进行划转，外币应结算为人民币，外币不能通过FT账户进入境内。

视同跨境业务，严格管理——根据“了解客户、了解业务、尽职调查”原则，无论是资金汇出还是资金汇入，FT账户的开户行均须逐笔审核客户提交的收付款指令及全套佐证业务背景的资料后，方可办理结算。

机构FT账户与其境内同户名普通账户之间的资金往来，应属于以下4种用途：

（1）经常项下业务；

（2）偿还自身名下存续期超过6个月（不含）的海南省银行业金融机构发放的贷款，偿还贷款资金必须直接划入开立在贷款银行的同名账户；

（3）新建投资、并购投资、增资等实业投资；

（4）中国人民银行允许的其他跨境交易。

3. 所有FT账户均不可办理现金业务。

（四）经常项下跨“二线”小额交易流程简化

经常项下跨“二线”小额交易，是指自贸区内机构的FTE账户与境内异户名普通账户之间的单笔金额不超过30万元人民币的经常项下交易。

经常项下跨“二线”小额交易可按照简化流程办理，自贸区内机构只需在首次办理经常项下跨“二线”小额交易时提交《自由贸易账户业务自律承诺书》，承诺交易背景的真实性及收付款指令的一致性，交给结算银行备案，银行凭客户的收付款指令即可直接办理结算。但交易的相关材料应当留存，以备银行事后抽查。

《自由贸易账户业务自律承诺书》

******银行××分行/支行：

我司______________________（企业名称），在贵行开立的自由贸易账户（账号：　　　　　　　　），拟通过该自由贸易账户开展经常及资本项下资金交易。

现我司郑重承诺：

1．我司开展的各类经营活动符合中华人民共和国法律、行政法规及监管规定，均不涉及洗钱、恐怖融资、逃税等危害国家风险防范体制及经济金融秩序的行为。

2．我司向贵行申请开展的收付汇业务均具有合法真实有效的交易背景。

3．资本项目收付汇项下，我司已根据法律、法规及监管规定办妥所有的审批、备案、登记等手续，已获得相关行政主管部门同意。

4．我司交易相关的业务背景资料均合法、真实、有效，且提交的汇划指令各项要素与业务背景资料中对应要素完全一致。

5．我司将妥善保管与资金交易申请相匹配的所有业务背景资料，包括但不限于经营活动相关资料、监管登记及批复证明材料（如有）等。我司将根据外部监管要求或贵行合规管理要求，向监管机构或贵行及时配合提供全套业务资料以供检查监督。

6．我司知晓并同意，如我司违反前述承诺，我司资金交易不再适用简易流程。

7．本承诺书自我司签署之日起生效。

企业名称（公章）：

法定代表人或授权代理人（签字）：

年　月　日

《自由贸易账户业务自律承诺书》示例图

（五）优质客户结算更加自由便利

银行按照风险和可信程度对FT账户的机构客户（包括自贸区内机构和境外机构）实行分类管理，符合以下条件的，可认定为优质客户[①]：

①所列条件仅供参考，各银行自行制定关于优质客户的管理办法，具体认定条件，请咨询开户银行。

<table>
<tr><td rowspan="8">自贸区内机构
FTE客户</td><td>未纳入跨境人民币业务重点监管名单</td><td rowspan="4">必备条件，须同时满足</td></tr>
<tr><td>如为办理跨境货物贸易结算的企业，货物贸易外汇收支企业名录等级应为A类。</td></tr>
<tr><td>近一年内未被外汇局或其他监管部门通报的，无涉及监管处罚信息，不存在违法违规案例、风险提示案例、恶意规避外汇监管案例等负面信息的。</td></tr>
<tr><td>非本行反洗钱高风险客户</td></tr>
<tr><td>企业或其母公司（集团公司）注册成立1年（含）以上，合规经营且经营情况稳定，自身或其母公司（集团公司）与本行系统内合作1年（含）以上，办理跨境结算业务累计10次（含）以上。</td><td rowspan="4">可选条件，满足一项即可</td></tr>
<tr><td>本行总、分行级重点客户及其集团内成员企业</td></tr>
<tr><td>福布斯榜世界500强企业及其成员企业</td></tr>
<tr><td>银行认为需要符合的其他条件</td></tr>
<tr><td rowspan="4">境外机构
FTN客户</td><td>企业或其母公司（集团公司）注册成立2年（含）以上，合规经营且经营情况稳定，近2年内无监管处罚信息；中资“走出去”企业或“一带一路”项目相关境外企业，或近2年内无监管处罚信息的集团公司纳入优质客户名单的注册年限要求可适当放宽。</td><td rowspan="4">必备条件，须同时满足</td></tr>
<tr><td>企业及其股东方不涉及联合国及我国制裁名单，符合“三反”监管要求、国际惯例和各行相关规定。</td></tr>
<tr><td>已开立FTN账户，且自开立FTN账户之日起通过该账户办理结算业务累计10次（含）以上。</td></tr>
<tr><td>银行认为需要符合的其他条件</td></tr>
</table>

FT账户优质客户的下列交易简化办理：

1. 跨“二线”异户名结算

优质客户在首次按照简化流程办理结算时，须提交《自由贸易账户业务自律承诺书》，承诺交易背景的真实性及收付款指令的一致性，交给结算银行备案。银行可在“展业三原则”和“三反”的基础上，仅凭客户的收付款指令直接办理经常项下、直接投资项下以及经人民银行海口中心支行认定的自由贸易港框架下金融和要素市场交易的跨“二线”结算业务。

2. 离岸经贸业务跨境结算

离岸经贸，是指自由贸易港内企业作为全球性生产、销售、服务等活动的组织者开展的上中下游交易对手均为非居民的各类以经常项目为主的交易，交易活动发生在境外，包括但不限于货物转手买卖、离岸加工贸易、服务转手买卖等。

离岸经贸业务的特点是订单流、货物流和资金流“三流”分离，因而银行核验交易真实性的难度较大。但对于优质客户，银行也可按照简化流程办理离岸经贸业务的跨境结算，即客户提交《自由贸易账户业务自律承诺书》后凭收付款指令办理资金划转，并且为优质客户开展货物转手买卖交易提供包括贸易结算和贸易融资等在内的国际通行的跨境金融服务便利。

但是，由于离岸经贸业务通常包括上游买入和下游卖出两笔交易，优质客户通过FT账户开展离岸经贸业务时，同一合同的上下游业务必须通过同一个FT账户办理收支结算，不得在FT账户和非FT账户发生交叉。交易相关单证也应留存，以备银行事后抽查。

FT账户优质客户出现以下任一情况时，将被银行移出优质客户名单：

（1）新被列入跨境人民币业务重点监管名单的企业；

（2）办理跨境货物贸易结算的企业，其货物贸易外汇收支企业名录等级降为B类或C类；

（3）存在交易背景虚假、利用FT账户转移资金等行为；

（4）同一客户自其纳入优质客户名单一年内累计发生2次（不含）以上收付款指令的资金交易性质与真实交易背景不符的；

（5）受到监管处罚通报，或存在其他异常情况或违规行为；

（6）企业或其股东方被纳入联合国及我国制裁名单，违反“三反”监管要求、国际惯例和各行相关规定的；

（7）银行认为需要移出的其他情况。

（六）资金汇划手续费与现行标准相同

FT账户跨“一线”资金划转的手续费适用各银行现行的跨境汇划收费标

准，以中国银行为例：按汇款金额的1‰计取（外币换算为人民币计算），最低50元人民币/笔，最高1000元人民币/笔，另收电讯费（港澳台地区80元人民币/笔，其他国家150元人民币/笔）。

三、政策优势

（一）与其他非居民账户对比

除了FT账户之外，非居民在中国境内可开立的银行账户还有离岸账户和境外机构境内账户。

离岸账户，也称OSA账户（Offshore Account），是境外机构及个人在境内取得离岸业务经营资格的银行开立的离岸账户。目前取得离岸业务经营资格的银行有招商银行、交通银行、浦发银行、平安银行4家银行。

境外机构境内账户，也称NRA账户（Non-Resident Account），是境外机构在境内银行开立的在岸账户，分为人民币NRA账户和外币NRA账户。所有境内银行均可开立。

FT账户、OSA账户和NRA账户的主要区别如下：

1. 开户主体不同：OSA账户可以由境外机构和个人开立；NRA账户只能由境外机构开立；而FT账户可以由境外机构和自贸区内主体（包括区内机构、区内境外个人）开立。

2. 币种不同：OSA账户只能使用外币，不能使用人民币；NRA账户分为人民币NRA账户、外币NRA账户；FT账户则为本外币一体化账户。

3. 账户利率不同：OSA账户的外汇存款利率，参考的是国际金融市场利率；NRA账户的资金适用国内银行机构部分存款产品及其利率；FT账户可办理活期、定期及理财产品，存、贷款利率及理财收益等独立定价，由各银行的总行定价。

4. 结售汇政策不同：OSA账户币种不能为人民币，不能办理结售汇，只能进行外汇买卖，适用的是离岸汇率；外币NRA账户未经外管局批准，不得直接或变相将账户内的外汇资金结汇，目前只有自贸区内的外币NRA账户允许结汇后划入境内使用，人民币NRA账户可以购汇汇出，但是从境外汇入的人民币不得购汇，NRA账户适用的是在岸汇率；FT账户可按离岸汇率办理结售汇。

5. 划转规则不同：OSA账户的资金外来外用自由，境外资金汇往OSA账户、OSA账户资金汇往境外账户以及OSA账户之间的资金划转，可以自由进出；但是与境内居民账户之间的资金划转按照跨境结算管理。外币NRA账户从境外收外汇、相互之间划转、与离岸账户之间的划转或向境外支付，银行可凭支付指令办理，但与境内账户的资金往来视同跨境交易。人民币NRA账户向境外划转及NRA账户之间的划转，银行可凭指令办理，但是仅能从境外的同名账户收入人民币资金；人民币NRA账户与境内的资金往来，按跨境结算管理。FT账户与境外账户、其他非居民机构账户（OSA、NRA账户）以及FT账户之间的资金划转，银行可凭收付指令办理，FT账户与境内账户按跨境业务管理，只可人民币划转。

<table>
<tr><th colspan="6">FT账户与其他账户的对比</th></tr>
<tr><th colspan="2">内容</th><th>传统账户</th><th>NRA账户</th><th>OSA账户</th><th>FT账户</th></tr>
<tr><td colspan="2">开户主体</td><td>境内机构和个人</td><td>境外机构</td><td>境外机构和个人</td><td>自贸区内机构及个人、境外机构、银行业机构</td></tr>
<tr><td colspan="2">币种</td><td>人民币、外币（需分别开立）</td><td>人民币、外币（需分别开立）</td><td>外币</td><td>本外币一体化</td></tr>
<tr><td colspan="2">分账核算</td><td>否</td><td>否</td><td>是</td><td>是</td></tr>
<tr><td colspan="2">海外融资</td><td>占用开户主体跨境融资额度</td><td>部分地区开放境外企业外币贷款；除“走出去项目”贷款外不能发放人民币贷款</td><td>无限制</td><td>FTE：占用开户主体跨境融资额度
FTN：无限制</td></tr>
<tr><td rowspan="2">结售汇</td><td>办理模式</td><td>纳入在岸结售汇头寸管理，管理严格，按需提交相关材料后方可办理</td><td>纳入在岸结售汇头寸管理，仅可在监管部门允许的范围内办理结售汇</td><td rowspan="2">不能办理人民币结售汇，仅能外币买卖</td><td>不纳入在岸结售汇头寸管理，允许账户主体按意愿自主结售汇</td></tr>
<tr><td>适用汇率</td><td>境内CNY汇率</td><td>境内CNY汇率</td><td>境外CNH汇率</td></tr>
</table>

续表

FT账户与其他账户的对比					
内容		传统账户	NRA账户	OSA账户	FT账户
优缺点	优势	境内所有银行均可办理	境内所有银行均可办理，可服务于境外非居民客户	专项服务于非居民境外客户，国际化程度最高	本外币一体，既可服务于自贸区内居民客户，又可服务于境外非居民客户，汇率与国际接轨，国际化程度较高
	劣势	无法服务境外客户，本外币分开开立和管理，外汇管制严格	纳入在岸账户体系管理，本外币分开开立和管理，无法自由结售汇，适用境内汇率，国际化程度较低	可办理的银行十分有限，无法服务于境内居民客户，不可办理人民币业务	可办理的银行限于各自贸区内的试点银行

（二）FT账户优势

1. 本外币账户合一

FT账户以人民币为主账户，各类外币为子账户，多个币种共用一个账号，避免企业因业务需要开立多个账户、持有多个账号，便于统一管理。

2. 资金划拨更便捷

FT账户的跨“一线”资金划转凭收付款指令即可办理，提高了企业资金结算效率。企业还可通过FT账户搭建全功能资金池，资金池内资金可自由兑换，FT账户与境外账户间资金调拨不受币种和额度限制。

3. 汇兑便利

FT账户适用人民币离岸汇率（CNH），境内结算账户适用人民币在岸汇率（CNY），客户可比较在岸及离岸汇率，择优选择FT账户或境内结算账户进行购汇、结汇，节约汇兑成本。

4. 融资模式多元化、境外融资更便捷

FT账户可以利用全球资金渠道，资金来源可为境内或境外，企业可以比较FT账户与非FT账户（即现有账户）的融资成本及便利性，择优选择更适合企业自身需求的融资模式，降低融资成本。

四、应用场景

FT账户适合有跨境资金需求或者跨境业务的企业，包括跨国集团、股权投资企业、贸易类企业、供应企业、“一带一路”及走出去企业、外商投资企业及金融机构等。在存、兑、融、通的便利化方面，FT账户有以下应用：

（一）FT账户的开立——本外币一体

FT账户以人民币为主账户，各类外币为子账户，多个币种共用一个账号，可开办的币种有美元、欧元、英镑、港币、瑞郎、新加坡元、丹麦克朗、日元、加元、澳元。企业在首次开立FT账户（币种通常为人民币）时提交开户所需资料，后续可以凭交易指令直接开立其他币种子账户。FT账户开通后，企业可通过网上银行查询FT账户余额及交易明细。

应用场景一：某贸易企业的货物主要出口至美国、日本等地，日常有频繁的美元、日元跨境结算业务。在FT账户上线前，该企业需要根据不同的收汇币种来修订合同的收付款信息，增加企业制单压力，且若提供了错误币种的账号，则会造成资金无法入账，增加企业的沟通成本和资金成本。后该企业开立了FTE账户，包含人民币主账户和美元、日元双外币子账户，该企业仅需在合同上填写统一的账号就可接受多币种汇款，就可通过同一个账户进行境内外资金的划转，提高企业资金汇划的效率。

应用场景二：通常情况下，外商投资企业如果想进行境内再投资至少需开立四个账户，分别是人民币基本账户、美元经常账户、美元资本金账户和人民币结汇待支付账户。但FT账户上线后，自贸区内的外商投资企业仅需开立FTE人民币及美元账户便可实现之前所有业务的操作，不但提高了效率，还节约了成本。

应用场景三：某公司通过FT账户办理离岸转手买卖业务，在同一天完成了与上下游企业的资金结算，合计1689.31万美元。该公司免去了“转口贸易外币收入需先行进入待核查账户，提交真实性材料后再转入普通外币结算账户”的步骤，只需提供交易真实性材料，经银行审核后，款项直接进入FT本外币一体化账户体系内，降低了企业供应链的资金管理成本。该公司使用FT账户离岸转手买卖人民币资金收付，合计6000万元，银行按照该公司的收付款指令直接办理FT账户资金收付，无须该公司提供真实性证明材料。

开户流程：

1. 客户向银行提交基础资料及开户申请，开户时可在开户申请书上勾选需要开户的外币子账户；

2. 银行对客户提交的资料进行审查，资料齐备的情况下，一般一个工作日即可通过审核；

3. 审查通过后，银行为客户开立客户号、账户、增开币种；

4. 自由贸易账户自正式开立之日起即可办理资金收付业务。

开户资料：

区内机构自由贸易账户（FTE）	
拟开户企业的基础证照	营业执照、法定代表人身份证、经办人身份证及授权委托书、预留印鉴人身份证、基本存款账户开户许可证（如有）等。
需填制的银行文本	开立区内机构自由贸易账户申请书、机构税收居民身份声明、印鉴卡等。
境外机构自由贸易账户（FTN）	
拟开户企业的证明资料	境外机构在境外合法注册成立的证明文件、特殊机构赋码通知书（向属地外管局申领）、基本户开户许可证（开立FTN基本户无须提供，开立FTN专用账户需提供）、公司章程、董事会决议/境外机构管理层同意开户的批准文件、法定代表人/单位负责人/账户有权签字人身份证件等。
需填制的银行文本	开立境外机构自由贸易账户申请书、境外机构自由贸易账户管理协议、机构税收居民身份声明、印鉴卡等。

注：以上为参考资料，具体开户资料请咨询开户银行。资料为非中文的，应提供中文翻译件。

（二）自由结售汇——在岸/离岸汇率自主选择

受汇率形成机制、市场供求等因素影响，同一时点的在岸汇率和离岸汇率存在一定差别。FT账户适用离岸汇率（CNH），企业可根据业务需求和资金管理需求调整本外币的持有量，自贸区内居民企业可同时开立FTE账户和国内结算账户，境外企业可同时开立FTN账户和NRA账户，择优选择离岸、在岸两个市场中更加优惠的汇率，并自主选择换汇时点，节省企业汇兑成本。

应用场景一：在某一时点，离岸美元兑人民币汇率比在岸高出近400 BP[①]，

①BP是指基点（Basis Point），1个基点（1 BP）等于0.01%，即1%的百分之一。

出口结汇型企业可将外汇收汇至FT账户，使用离岸汇率结汇成人民币，那么每10万美元可以多结人民币4000元。

反过来，当在岸汇率高于离岸汇率的时候，进口购汇型企业可将人民币跨二线划转至FT账户，以相对较低的离岸价格购入美元后直接向境外支付，从而有效节约汇兑成本。

应用场景二：某外商投资企业通过FT账户采用离岸价格办理了资本金结汇1.454亿美元，和在岸价格相比，享受到了150 BP的点差优惠，节省了汇兑成本约218万元人民币。

应用场景三：银行为某进出口贸易公司办理了3笔进口货款购付汇业务，金额426万美元，该贸易公司通过FT账户使用离岸牌价购汇，和在岸价格相比，享受到了64 BP的点差优惠，节省了约6万元人民币的财务费用。

（三）跨国企业连通——全功能型跨境双向人民币资金池

FT账户全功能型跨境双向人民币资金池是基于FT账户体系的创新应用，在海南自由贸易港设有子公司的跨国企业集团可根据自身经营和管理需要，在境内外成员企业之间开展资金余缺调剂和归集业务，提升公司资金规划与运用效益，实现资金集约管理。

应用场景一：在自由贸易港设有子公司的某跨国企业集团为更好地拓展海外业务，在香港设立子公司。由于香港子公司尚处起步阶段，营业收入不到1亿元人民币，达不到全国版跨境人民币资金池准入的门槛。该集团充分利用FT全功能资金池无营业收入限制等优势，建立以香港子公司为主办企业的全功能资金池，将海南子公司和香港子公司纳入其中，通过全功能资金池向香港子公司调拨资金，及时缓解了香港子公司的资金压力。

应用场景二：在自由贸易港设有子公司的某跨国企业集团的香港子公司作为集团境外销售平台，承担集团业务80%以上的境外销售。该跨国集团通过搭建全功能资金池，利用主办企业的FT账户可实现池内资金自由汇兑的优势，有效规避汇率风险，优化集团汇兑损益管理，进一步提升集团内资金结算能力和资金运营效率。

应用场景三：某大型跨国企业实施“走出去”战略，在境外设立多家子公司，存在资金跨境调拨和归集需求，但境外子公司均属于初创期，经营收入较低，无法满足其他资金池准入要求。该跨国企业只需以在自由贸易港内注册的子公司作为主办企业，开立FT账户，便可申请全功能资金池。全功能资金池可以为具有股权关系的境内外企业办理资金在岸归集，为供应链上下游企业办理集中收付，灵活调配，降低币别风险，实现资金的集中便捷管理。

如何搭建：

<table>
<tr><th colspan="2">入池企业要求</th></tr>
<tr><td colspan="2">应包含3家或以上的境内外（含境内区外）生产及经营型成员企业，且企业应有股权关系，而不能仅是通过协议控制。</td></tr>
<tr><td colspan="2">选择1家自由贸易港内企业或者境外企业作为主办企业，开立FTE或FTN账户作为主办账户，即可申请搭建资金，其他企业无须开立FT账户。境外企业入池的，应提供董事会的授权证明。</td></tr>
<tr><td colspan="2">在海南自由贸易港成立时间不满一年的企业也可作为主办企业，但不能作为成员企业加入资金池并以该企业的所有者权益计算资金池的净流出（入）额；该企业成立满一年后，可调整为成员企业并计入资金池净流出（入）额。</td></tr>
<tr><td colspan="2">参池成员企业未参与过其他跨境资金池。</td></tr>
<tr><td rowspan="7">负面清单
（不予入池）</td><td>出口重点监管企业名单内企业</td></tr>
<tr><td>货物贸易外汇分类等级为B、C类的企业</td></tr>
<tr><td>金融机构（财务公司作为主办企业的除外）</td></tr>
<tr><td>地方政府融资平台</td></tr>
<tr><td>房地产企业</td></tr>
<tr><td>类金融机构（融资租赁公司、商业保理公司、融资担保公司、小额贷款公司、典当行等6类）</td></tr>
<tr><td>已入池企业在入池期间被列入出口重点监管企业名单或B、C类贸易企业的，不再参与资金归集。</td></tr>
<tr><th colspan="2">入池资金要求</th></tr>
<tr><td colspan="2">应为产生自企业生产经营活动和实业投资活动的现金流。</td></tr>
<tr><td>负面清单</td><td>外部融资产生的现金流不得参与归集。</td></tr>
</table>

办理流程：

主办企业提交申请及相关资料—银行了解集团企业的经营情况，进行内部审批—银行与企业签署协议—银行形成内部报告，向人民银行备案—银行完成备案后，为主办企业开立主账户，银行向人民银行提交资金池信息初始化表—启用账户进行资金划转。

所需资料：

1. 全功能资金池业务申请书；

2. 集团企业股权结构图；

3. 所有入池企业营业执照、境外注册证明材料；

4. 集团境内外成员企业反映上年度所有者权益和营业收入的报表；

5. 集团企业出具的明确主办企业及成员企业各方权利义务且各方均同意的内部决策证明材料（如董事会决议、对主办企业的授权书等）；

6. 集团企业经营情况介绍；

7. 银行要求的其他资料。

如何使用：

1. 一线（即境外成员企业与区内主办企业之间，或境外主办企业与境内成员企业FT账户之间）可以自行选择本币或者外币进行归集，资金的净流出（入）额度无限制，企业凭收付指令即可完成资金划转，但资金池内资金划出境外后应在1年内返回资金池，以符合资金池“自求平衡”原则。

2. 二线（即境外主办企业或区内主办企业与境内成员企业普通账户之间）只能以人民币进行归集，跨二线的人民币资金净流出（入）额设有上限，为资金池应计所有者权益宏观审慎政策系数（宏观审慎政策系数为1）。

3. 资金池归集账户还可提供日间及隔夜透支服务。

资金用途：资金池内的资金可用于满足集团内成员的经营性融资需求、境内市场投资、以保值增值为目标的财务管理需求以及理财等功能，但禁止用于非自用房地产和股票市场投资。

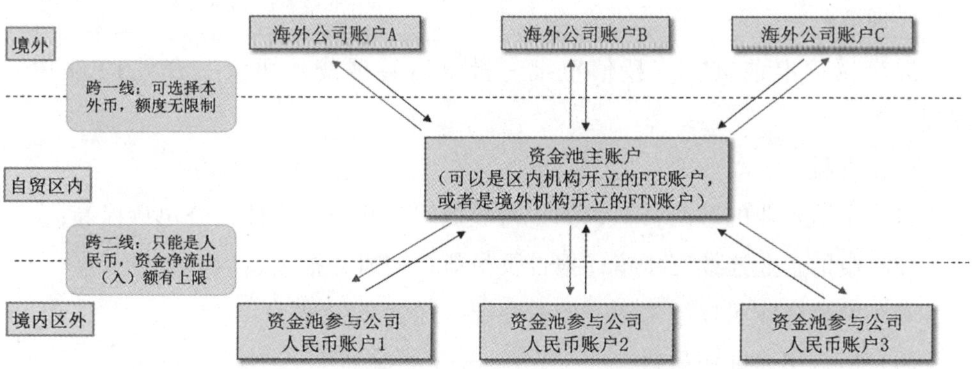

全功能型跨境双向人民币资金池图示

与全国版跨境人民币资金池相比，FT账户全功能型跨境双向人民币资金池具有以下优势：

一是准入门槛较低。只需要三家及以上入池企业具有股权控股关系，对入池企业的营业收入、净资产等财务指标未作要求。

二是主办企业范围扩大。在海南自由贸易港成立时间不满一年的企业也可作为主办企业加入资金池，而全国版资金池则要求池内企业的成立时间应满一年。

三是可多币种归集境内外资金。FT账户与境外成员企业资金调拨无币种和额度限制，实现集团全球各币种资金更灵活的调拨和归集。

四是跨境人民币资金净流出（入）额的宏观审慎系数为1，全国版资金池的系数为0.5，额度高出一倍。

五是主办企业可通过FT账户实现池内资金的自由汇兑，主动规避汇率风险。

（四）跨境融资——自贸贷款

1. FT账户信贷融资

FT账户打通境内外市场，区内企业可以通过FTE账户享受境外融资利率，比较境内、境外两个市场，降低企业资金成本；境外企业可通过FTN账户获得境内银行直接信贷支持，拓宽企业融资渠道。

应用场景：某公司对资金需求较大，银行利用FT账户灵活市场利率定价优势，向其发放3年期流动资金贷款人民币4748万元，贷款利率较境内贷款节省50 BP，每年降低企业融资成本23.74万元。

办理流程：

提交授信申请资料—授信审批—批复后签署贷款协议—开立FT账户—放贷。

所需资料：

（1）申请企业的基础资料，如：营业执照、开户许可证、公司章程等；

（2）申请企业连续三年审计报告及最新一期财务报表；

（3）申请企业股权结构图、股东介绍、经营介绍等；

（4）借款用途证明材料；

（5）银行要求的其他资料。

2. 境内外联动融资

基于境外企业的真实资金需求背景，以境内企业抵、质押物或通过借款人在境内的关联公司存入全额保证金作为担保，或占用境内企业在银行的授信额度，向境外企业发放贷款。

应用场景：银行向境内某企业的境外特殊目的实体（SPV）公司成功发放9113万欧元（折合人民币约6.5亿元）FTN固定资产贷款，并于放款当天完成FT项下汇出汇款操作。这不仅解决了该公司境外子公司FTN账户境内融资需求，还有效降低了融资成本，打通了境外子公司境内融资渠道，为后续支持海外企业发展拓宽了道路。

办理流程：

确定业务模式—提交授信申请资料—授信审批—批复后签署贷款协议—开立FTN账户—办理担保抵押或全额保证金手续—境外FTN账户放款—按照审批用途受托支付。

所需资料：

（1）申请企业存续有效期内的注册资料；

（2）申请企业连续三年审计报告及最新一期财务报表；

（3）申请企业股权结构图、股东介绍、经营介绍等；

（4）借款用途证明资料；

（5）合规性资料及银行要求的其他资料。

3. 国际贸易融资

FT账户国际贸易融资业务是指为FT账户客户的国际贸易提供资金融通的业务，包括进口开证、进口押汇、出口押汇、福费廷等。贸易企业可采用现金/准现金、担保抵押或信用等方式办理授信，占用授信额度叙作FT国际贸易项下进口或出口贸易融资业务。

应用场景一：某大宗商品国际贸易公司需办理国际福费廷业务，银行为该公司开立了FTE账户，利用该行全球上百家的福费廷业务包买商渠道，通过对比数十家价格，找到了较低价格的资金，最终使用该最优价格为该公司发放福费廷融资。

应用场景二：银行为某贸易企业利用FTE账户开立国际信用证，金额10万美元。付款时，银行为该贸易企业提供离、在岸两种购汇价格选择，最终选用离岸汇率办理购汇汇出，节省了汇兑成本约1000元。

办理流程：

确定贸易采购或贸易销售合同—明确额度占用—提交融资申请—提供融资—贸易项下下游收汇还款。

所需资料：

（1）全套基础资料留存；

（2）贸易合同；

（3）相关重要单据，包括发票、提单等其他佐证背景真实性的单据；

（4）其他相关证明材料。

第五章　海南自由贸易港个人所得税优惠政策助力现代服务业发展

一、政策背景

《总体方案》指出：2025年前，对在海南自由贸易港工作的高端人才和紧缺人才，其个人所得税实际税负超过15%的部分予以免征；2035年前，对一个纳税年度内在海南自由贸易港内累计居住满183天的个人，其取得来源于海南自由贸易港范围内的综合所得和经营所得，按照3%、10%、15%三档超额累进税率征收个人所得税。

2020年6月23日，财政部与税务总局联合发布了《关于海南自由贸易港高端紧缺人才个人所得税政策的通知》（财税〔2020〕32号），确定了对在海南自由贸易港工作的高端人才和紧缺人才实行个人所得税实际税负超过15%的部分予以免征。2020年8月26日，海南省人民政府发布了《海南自由贸易港享受个人所得税优惠政策高端紧缺人才清单管理暂行办法》（琼府〔2020〕41号）。2022年9月，海南省人民政府发布了《海南自由贸易港享受个人所得税优惠政策高端紧缺人才清单管理暂行办法》（琼府〔2022〕31号），于2023年1月1日开始正式实施，琼府〔2020〕41号文同时废止。琼府〔2022〕31号文将琼府〔2020〕41号文规定的"在海南连续缴纳社保6个月以上"调整为"在海南自由贸易港累计居住满183天"，并针对因职业特点无法达到"累计居住满183天"条件的航空、航运、海洋油气勘探等行业特定人员设置兜底条款，符合条件的可按规定享受优惠政策。2022年12月23日，海南发布了《海南省财政厅 国家税务总局海南省税务局 海南省人力资源和社会保障厅 海南省市场监督管理局 中共海南省委人才发展局关于进一步明确落实海南自由贸易港高端紧缺人才个人所得税优惠政策有关事项的通知》（琼财支财〔2022〕1211号），进一步对海南个税优惠政策进行细化。

二、政策优势

根据《中华人民共和国个人所得税法》的规定，个人所得税的征缴根据所得来源的不同，适用不同的税率。其中，综合所得（工资、薪金所得，劳务报酬所得，稿酬所得，特许权使用费所得）适用3%—45%的超额累进税率；经营所得适用5%—35%的超额累进税率；利息、股息、红利所得，财产租赁、转让所得，偶然所得，均适用20%的比例税率。

而根据财税〔2020〕32号文之规定，对在海南工作的高端人才和紧缺人才，满足一定条件的，其个人所得税实际税负超过15%的部分可予以免征。海南个税优惠政策相较于适用《中华人民共和国个人所得税法》所规定的累进税率，对实际税负予以了减轻的优惠。

三、政策解读

（一）享受优惠的条件

海南欢迎各类人才参与海南自由贸易港建设，满足下列条件的人才可享受个税优惠：

1. 主体资格条件

（1）海南各级人才管理部门认定的人才，即被认定为“海南自由贸易港高层次人才”[①]的人员。

（2）一个纳税年度（1月1日至12月31日），在海南的收入达到30万元以上的人员。

2. 在海南居住满183天

（1）享受个税优惠的个人须满足一个纳税年度内在海南累计居住满183天。

“居住满183天”指在海南实际停留天数满183天，一个纳税年度内有多次进出的，天数实行累积计算，进入与离开当天均计算为一天。

（2）例外情形，同时满足以下条件的，可不受“183天”限制：

---

①《海南自由贸易港高层次人才认定办法》。

●条件1：具备主体资格条件；

●条件2：因职业特点，一个纳税年度内在海南自由贸易港累计居住不满183天的航空、航运、海洋油气勘探等行业的特定人员；

●条件3：劳动关系，即与在海南自由贸易港注册且实质性运营的企业或单位签订1年以上的劳动合同、聘用协议，或提供其他同等条件劳动人事关系证明材料；

●条件4：社保，即一个纳税年度，在海南自由贸易港以单位职工身份连续缴纳职工基本养老保险6个月以上的（包含本年度12月当月），但与中国签订社会保障协定的国家中免缴人员除外。[①]

满足以上例外情形的个人，经海南省人力资源和社会保障厅组织评审认定通过的，可享受海南个税优惠。

3. 税负超过15%

关于如何理解“实际税负超过15%的部分予以免征”的优惠，以下通过两则案例进行解说。

案例1：李先生经海南省委人才发展局认定属于E类高层次人才，其2022年的工资薪金所得总收入为350000元。按照《中华人民共和国个人所得税法》减去年度基本减除费用60000元后的综合所得应纳税所得额为290000元，应纳税额为41080元（应纳税所得额290000×适用税率20%－年速算扣除数16920）[②]，实际税负为14%（应纳税额41080÷应纳税所得额290000），税负超过15%部分为0元，以上计算均不考虑其他各项扣除。

案例2：赵先生2022年度来源于海南自由贸易港实质性运营企业的税前工资薪金所得为480000元，且在海南停留满183天，按照《中华人民共和国个人所得税法》减去年度基本减除费用60000元后的综合所得应纳税所得额[③]为420000元，应纳税额为73080元（应纳税所得额420000×适用税率25%－年速算

①关于“与中国签订社会保障协定的国家中免缴人员除外”，指与中国签订了社会保障协定（社会保险双边协定）后，有关行业的两国工作人员在对方国家就业时，可按规定免缴部分社保费用，目前与中国签订社会保障协定的国家共有12个，该国家人员根据双边协定在华工作时可免缴职工基本养老保险的，在享受海南个税优惠时不受社保条件限制。

②按照附录1个人所得税税率表1数据计算。

③根据《中华人民共和国个人所得税法》第六条。

扣除数31920）①，实际税负为17.4%（应纳税额73080÷应纳税所得额420000），税负超过15%部分为10080元（应纳税额73080−应纳税所得额420000×15%），以上计算均不考虑各项扣除。

通过以上案例可以看出，关于“税负超过15%予以免征”的规定，首先，根据个人年度应纳税额所计算出的实际税负应超过15%，即超过部分予以免征，未超过则不发生免征，如案例1中的李先生的实际税负为14%，并未超过15%，故即使其属于E类高层次人才，具备了享受个税优惠主体资格条件，也未发生免征。其次，计算享受海南个税优惠的应纳税额，并非直接按照15%的税率计算，而是应按照海南个税优惠政策计算出超过15%的负税额，也即减免税额，进而计算出该个人适用海南个税优惠政策实际的应纳税额，如案例2中的赵先生，按照《中华人民共和国个人所得税法》计算其实际税负为17.4%，税负超过15%的部分为10080元，若其满足海南个税优惠享受条件，则赵先生2022年度可享受个税减免额10080元。

4. 征信条件

被依法列为失信联合惩戒对象的人员不得享受个税优惠政策，个人征信信息可在“信用中国”（https://www.creditchina.gov.cn/）网站查询。

5. 小结

海南对享受个税优惠政策的人才实行清单管理，满足以上条件，经相关部门审核通过并被列入人才清单的人才，也属于海南高端紧缺人才。高端紧缺人才应在5年内保留与注册在海南自由贸易港并实质性运营企业或单位签订的1年以上劳动合同或聘用协议等劳动关系证明材料。

（二）享受优惠的收入

根据《海南省财政厅 国家税务总局海南省税务局 海南省人力资源和社会保障厅 海南省市场监督管理局 中共海南省委人才发展局关于进一步明确落实海南自由贸易港高端紧缺人才个人所得税优惠政策有关事项的通知》（琼财支财〔2022〕1211号）之规定，来源于海南的所得，指高端紧缺人才从海南取得的综合所得、经营所得以及经海南省认定的人才补贴性所得，相应税款在海南缴纳。

1. 收入种类

按照《中华人民共和国个人所得税法》的规定，个人应税收入的种类主要

①按照附录1个人所得税税率表1数据计算。

分为综合所得（工资薪金所得、劳务报酬所得、稿酬所得、特许权使用费所得），经营所得，利息、股息、红利所得，财产租赁所得，财产转让所得，偶然所得。但能够享受海南个税优惠政策的仅为综合所得与经营所得，其他所得仍按照标准税率20%核算个人所得税。

（1）综合所得，具体包含以下四项所得[①]：

工资薪金所得，指个人因任职、受雇，从该任职受雇单位所获取的工资、薪金、奖金、年终加薪、劳动分红、津贴、补贴以及与任职受雇有关的其他所得。

劳务报酬所得，指个人从事劳务所获取的所得。包括从事设计、装潢、安装、制图、化验、测试、医疗、法律、会计、咨询、讲学、翻译、审稿、书画、雕刻、影视、录音、录像、演出、表演、广告、展览、技术服务、介绍服务、经纪服务、代办服务以及其他劳务所获取的收入。[②]

稿酬所得，指个人因其作品以图书、报刊等形式出版、发表所获取的收入。

特许权使用费所得，指个人因提供专利权、商标权、著作权、非专利技术以及其他特许权的使用权所获取的收入。

（2）经营所得，指从事生产、经营活动所获取的收入，包括[③]：

个体工商户从事生产、经营活动所获取的收入，个人独资企业投资人、合伙企业的个人合伙人来源于境内注册的个人独资企业、合伙企业生产、经营的收入。需要注意的是，个人独资企业、合伙企业对外投资分回的利息或者股息、红利，该企业投资人、合伙人按“股息、利息、红利所得”应税项目缴纳个人所得税[④]，不属于可享受海南个税优惠的范畴。

个人依法从事办学、医疗、咨询以及其他有偿服务活动所获取的收入。

个人对企业、事业单位承包经营、承租经营以及转包、转租所获取的收入。

个人从事其他生产、经营活动所获取的收入。

（3）经海南省认定的人才补贴性所得。该所得根据发放对象、发放方式分别按照综合所得或是经营所得确认，与任职、受雇有关的，计入综合所得；与

---

①《中华人民共和国个人所得税法》。

②《中华人民共和国个人所得税法实施条例》。

③《中华人民共和国个人所得税法实施条例》。

④《国家税务总局关于〈关于个人独资企业和合伙企业投资者征收个人所得税的规定〉执行口径的通知》（国税函〔2001〕84号）。

从事生产、经营活动有关的，计入经营所得。

2. 收入来源于海南

可享受海南个税优惠政策的综合所得与经营所得，还需要满足“收入来源于海南”的要求，主要以实际发生地为海南作为评判标准，具体理解如下：

（1）从海南取得的工资薪金所得要求个人的工资薪金收入来源于在海南实质性运营企业。

（2）从海南取得的劳务报酬所得要求该劳务实际发生在海南。

（3）从海南取得的稿酬所得要求在海南出版、发表。

（4）从海南取得的特许权使用费所得要求该特许权使用于海南。

（5）从海南取得的经营所得要求从事的生产、经营活动发生于海南。

3. 在海南纳税

符合海南个税优惠政策主体资格条件的个人，在海南的税务部门进行税务申报及缴纳的综合所得及经营所得才可享受优惠，在海南以外的税务部门进行纳税的不享受该优惠。

享受海南个税优惠政策的个人，其综合所得应于次年3月1日至6月30日，在“个人所得税”APP或电子税务局网站①自行办理汇算清缴及上一年度的个人所得税优惠退税；其经营所得应于次年1月1日至3月31日，在电子税务局网站或税务服务大厅进行线下办理汇算清缴及上一年度的个人所得税优惠退税。具体操作指南详见附录2。

非居民个人在上述期间无法入境办理的，可委托涉税专业服务机构、其他单位或个人代为办理，或在离境前提前30日以上通过省税务局向省人力资源和社会保障厅提出高端紧缺人才享受个人所得税优惠政策资格申请，省人力资源和社会保障厅应在10个工作日内进行确认反馈。

（三）优惠减免税额计算

1. 居民个人②减免税额计算

（1）综合所得减免税额及案例

按照海南个税优惠政策，居民个人综合所得收入可享受个税减免金额的计

①自然人电子税务局网站：https://etax.chinatax.gov.cn/

②根据《中华人民共和国个人所得税法》第一条。

算方式为：减免税额=（综合所得应纳税额−综合所得应纳税所得额×15%）×海南综合所得收入额÷综合所得收入额。

案例3：赵先生授权甲在海南使用其享有的某商标，授权乙在广州使用该商标。2022年度，赵先生来源于海南的特许权使用费收入为1000000元，来源于广州的特许权使用费收入为2000000元，按照《中华人民共和国个人所得税法》减去年度基本减除费用60000元及收入额20%的费用后，综合应纳税所得额[①]为2340000元［税前特许使用权所得（1000000+2000000）×费用减除（1−20%）−年度基本减除费用60000］，应纳税额为871080元［应纳税所得额2340000元×适用税率45%−年速算扣除181920元］[②]，减免税额为173360元［（应纳税额871080元−应纳税所得额2340000元×优惠税率15%）×海南综合所得收入额1000000元×（1−20%）÷综合所得收入额（1000000+2000000）元×（1−20%）］，享受海南个税优惠政策后的应纳税额为697720元［应纳税额871080元−减免税额173360元］，以上计算均不考虑各项扣除。

若赵先生满足海南个税优惠政策的要求，其2022年度可享受海南高端紧缺人才税收优惠为173360元，实际缴纳综合所得个人所得税为697720元。

（2）经营所得减免税额及案例

按照海南个税优惠政策，居民个人经营所得收入可享受个税减免金额的计算方式为：减免税额=（经营所得应纳税额−经营所得应纳税所得额×15%）×海南经营所得应纳税所得额÷经营所得应纳税所得额。

案例4：赵先生分别在海口和广州都投资了一家经营医疗器械的合伙企业，2022年度，赵先生从海口企业分得的利润收入为1000000元人民币，从广州企业分得的利润收入为2000000元人民币。按照《中华人民共和国个人所得税法》的规定，赵先生2022年的应纳税所得额[③]为3000000元（海南收入额1000000+广州收入额2000000），应纳税额为984500元（应纳税所得额3000000元×适用税率35%−年速算扣除65500元）[④]，减免税额为178166.66元［（应纳税额

①根据《中华人民共和国个人所得税法》第六条。

②按照附录1个人所得税税率表1数据计算。

③《中华人民共和国个人所得税法》第六条。

④按照附录1个人所得税税率表4数据计算。

984500-应纳税所得额3000000×优惠税率15%）×海南应纳税所得额1000000÷应纳税所得额3000000]，享受海南个税优惠政策后的应纳税额为806333.34元（应纳税额984500元-减免税额178166.66元），以上计算均不考虑各项成本、费用及损失。

若赵先生满足海南个税优惠政策的要求，其2022年度可享受海南高端紧缺人才税收优惠为178166.66元，2022年度实际缴纳综合所得个人所得税为80633.33元。

2. 非居民个人[①]减免税额计算

（1）工资、薪金所得减免税额及案例

按照海南个税优惠政策，非居民个人工资、薪金所得收入可享受个税减免金额的计算方式为：减免税额=（工资、薪金应纳税额-工资、薪金应纳税所得额×15%）×海南工资、薪金所得收入额÷工资、薪金所得收入额。

案例5：2022年度赵先生（非居民个人）取得来源于海南实质性运营企业的税前工资薪金所得为100000元/月，按照《中华人民共和国个人所得税法》的规定，赵先生2022年度工资薪金所得应纳税所得额[②]为95000元（月收入额100000元-月费用减除5000元），应纳税额为27590元（应纳税所得额95000×适用税率45%-年速算扣除15160元）[③]，减免税额为13340元［（应纳税额27590元-应纳税所得额95000×15%）×海南所得收入额50000元÷所得收入额50000元］，享受海南个税优惠政策后的应纳税额为14250元（应纳税额27590元-减免税额13340元）。

若赵先生满足海南个税优惠政策的要求可享受优惠，其2022年度可享受海南高端紧缺人才税收优惠每月13340元，2022年度实际缴纳综合所得个人所得税每月14250元。

（2）劳务报酬、稿酬、特许权使用费所得减免税额及案例

按照海南个税优惠政策，非居民个人劳务报酬、稿酬、特许权使用费所得收入可享受个税减免金额的计算方式为：减免税额=海南应纳税额-海南应纳税

①《中华人民共和国个人所得税法》第一条。

②根据《中华人民共和国个人所得税法》第六条。

③按照附录1个人所得税税率表3数据计算。

所得额×15%。

案例6：2022年度，赵先生（非居民个人）在海南出版了一部小说，并因此获得稿酬收入1000000元，按照《中华人民共和国个人所得税法》的规定，赵先生2022年的综合应纳税所得额[①]为560000元［税前稿酬所得1000000×费用减除（1−20%）×70%］，应纳税额为236840元（应纳税所得额560000元×适用税率45%−年速算扣除15160元）[②]，减免税额为152840元（应纳税额236840元−应纳税所得额560000元×优惠税率15%），享受海南个税优惠政策后的应纳税额为84000元（应纳税额236840元−减免税额152840元）。

若赵先生满足海南个税优惠政策的要求可享受优惠，其2022年度可享受海南高端紧缺人才税收优惠为152840元，2022年度实际缴纳综合所得个人所得税为84000元。

（3）经营所得减免税额及案例

按照海南个税优惠政策，非居民个人经营所得收入可享受个税减免金额的计算方式为：减免税额=（经营所得应纳税额−经营所得应纳税所得额×15%）×海南经营所得应纳税所得额÷经营所得应纳税所得额。

案例7：2022年度，赵先生（非居民个人）在海南投资了一家经营瓷器的合伙企业，赵先生2022年从该合伙企业分得的利润为1000000元。按照《中华人民共和国个人所得税法》的规定，赵先生2022年的应纳税所得额[③]为1000000元，应纳税额为284500元（应纳税所得额1000000元×适用税率35%−年速算扣除65500元）[④]，减免税额为134500元［（应纳税额284500−应纳税所得额1000000元×15%）×海南应纳税所得额1000000元/应纳税所得额1000000元］，享受海南个税优惠政策后的应纳税额为150000元（应纳税额284500元−减免税额134500元），以上计算均不考虑成本、费用及损失的情况。

若赵先生的个人所得满足享受海南个税优惠政策的要求，其2022年度可享受海南高端紧缺人才税收优惠为134500元，2022年度实际缴纳综合所得个人所

①《中华人民共和国个人所得税法》第六条。

②按照附录1个人所得税税率表的表3数据计算。

③《中华人民共和国个人所得税法》第六条。

④按照附录1个人所得税税率表4数据计算。

得税为150000元。

四、人才名单的确认与反馈

（一）名单确认

1. 满足183天人才名单的确认

省委人才发展局将海南省各级人才管理部门所认定的高层次人才名单，于每年12月底前推送给省人力资源和社会保障厅；省税务局按照《海南省人民政府关于印发海南自由贸易港享受个人所得税优惠政策高端紧缺人才清单管理暂行办法的通知》[①]确定的年收入标准，于次年1月底前将年度申报个人收入符合标准的人员名单，推送至省人力资源和社会保障厅。

2. 不满足183天人才名单的确认

前述在海南居住“不满183天”的特定人员，由本人通过任职受雇、从事生产经营，自2024年起，每年3月1日前按省税务局、省人力资源和社会保障厅要求，统一在海南省电子税务局提交申请。省税务局汇总符合收入标准和实质性运营要求的申请人员信息，提交给省人力资源和社会保障厅。

（二）名单反馈

省人力资源和社会保障厅汇总名单后，推送至社会保险经办机构、发展改革委等部门分别核实社保缴纳、信用、居住天数等情况。

对满足“累计居住满183天”条件人员名单，省人力资源和社会保障厅于次年3月1日前，向省税务局提供享受个人所得税优惠政策的高端紧缺人才确定名单。

对因职业特点无法满足“累计居住满183天”条件人员名单，省人力资源和社会保障厅向相关部门核实情况后组织评审认定，及时将享受优惠人员确定名单反馈给省税务局。省税务局以短信等适当方式通知享受优惠人员。

①海南省财政厅等《关于进一步明确落实海南自由贸易港高端紧缺人才个人所得税优惠政策有关事项的通知》（琼财支财〔2022〕1211号）。

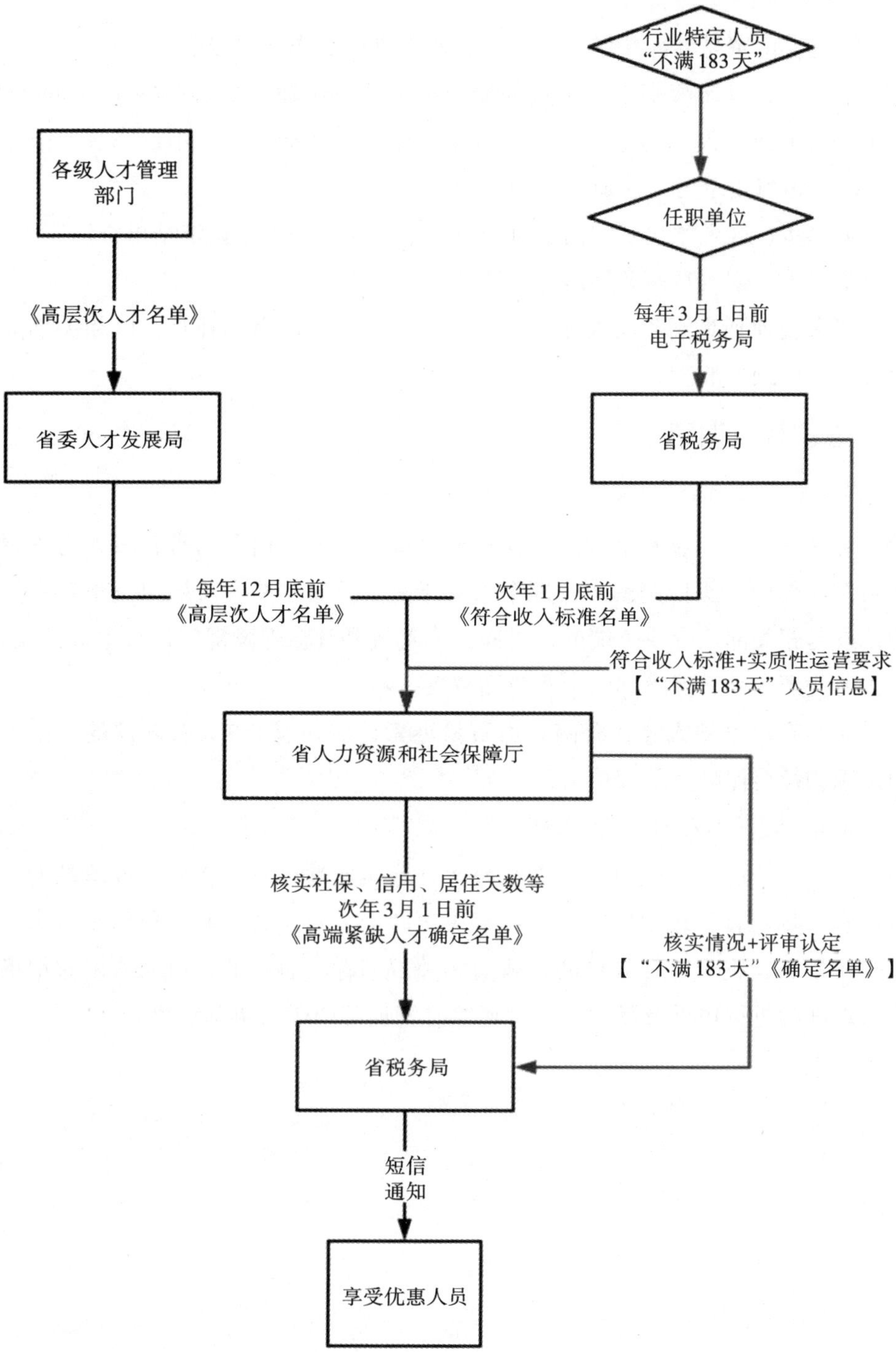
行业特定人员
“不满183天”
各级人才管理
部门
任职单位
《高层次人才名单》
每年3月1日前
电子税务局
省委人才发展局
省税务局
每年12月底前
《高层次人才名单》
次年1月底前
《符合收入标准名单》
符合收入标准+实质性运营要求
【“不满183天”人员信息】
省人力资源和社会保障厅
核实社保、信用、居住天数等
次年3月1日前
《高端紧缺人才确定名单》
核实情况+评审认定
【“不满183天”《确定名单》】
省税务局
短信
通知
享受优惠人员

（三）名单查询

海南自由贸易港高端紧缺人才享惠资格查询操作指引如下。

第一步：登录海南省电子税务局。在浏览器中输入https：//etax.hainan.chinatax.gov.cn/进入海南省电子税务局登录页面。请选择自然人用户登录；未注册用户的，请点击下方“注册”按钮。

第二步：进入“我要查询—海南自贸港高端紧缺人才认定结果查询”。

第三步：输入身份证件信息查询结果。

若未查询到高端紧缺人才享惠资格，关于人才信息的补录，以相关部门实时公告的信息为准。

五、异议调解

（一）人才异议调解

对享受个税优惠政策的人才存在异议或争端的，由海南省各级人力资源和社会保障部门牵头协调解决，即个人对于是否具有享受个税优惠资格存在异议的，或与相关部门存在争端的，可向人力资源和社会保障部门进行申诉及反馈，由人力资源和社会保障部门牵头协调解决。

如对高端紧缺人才在海南自由贸易港累计居住满183天有异议的，由省人力资源和社会保障厅受理并反馈。

（二）实质性运营异议调解

个人对所属企业或单位是否在海南开展实质性运营存在异议或争端的，由海南省市场监督管理部门牵头协调解决，即个人对于其任职的单位是否满足海南实质性运营规定存在异议的，或与相关部门存在争端的，可向海南省市场监督管理部门进行申诉及反馈，由市场监督管理部门牵头协调解决。

附录1：税率表

个人所得税税率表1 （居民个人综合所得）			
级数	全年应纳税所得额	税率	速算扣除数
1	不超过36000元	3%	0
2	超过36000元至144000元	10%	2520
3	超过144000元至300000元	20%	16920
4	超过300000元至420000元	25%	31920
5	超过420000元至660000元	30%	52920
6	超过660000元至960000元	35%	85920
7	超过960000元	45%	181920
备注：居民个人工资、薪金所得预扣预缴适用			

个人所得税税率表2 （居民个人综合所得）			
级数	预扣预缴应纳税所得额	税率	速算扣除数
1	不超过20000元	20%	0
2	超过20000元至50000元	30%	2000
3	超过50000元	40%	7000
备注：居民个人劳务报酬所得预扣预缴适用			

个人所得税税率表3 （非居民个人综合所得）			
级数	应纳税所得额	税率	速算扣除数
1	不超过3000元	3%	0
2	超过3000元至12000元	10%	210
3	超过12000元至25000元	20%	1410
4	超过25000元至35000元	25%	2660
5	超过35000元至55000元	30%	4410
6	超过55000元至80000元	35%	7160
7	超过80000元	45%	15160
备注：适用于选择单独计税的全年一次性奖金，非居民个人工资、薪金所得、劳务报酬所得、稿酬所得、特许权使用费所得计税			

个人所得税税率表4 （经营所得）			
级数	全年应纳税所得额	税率	速算扣除数
1	不超过30000元	5%	0
2	超过30000元至90000元	10%	1500
3	超过90000元至300000元	20%	10500
4	超过300000元至500000元	30%	40500
5	超过500000元	35%	65500

附录2：海南自由贸易港高端紧缺人才办理综合所得个人所得税汇算清缴操作指引

（1）海南自由贸易港高端紧缺人才办理个人所得税汇算清缴操作指南

（2）综合所得WEB端操作指南

（3）经营所得（适用B表）WEB端操作指南

（4）经营所得（适用C表）WEB端操作指南

附录3：名单查询操作流程

第一步：登录海南省电子税务局。请选择自然人用户登录；未注册用户的，请点击下方“注册”按钮。

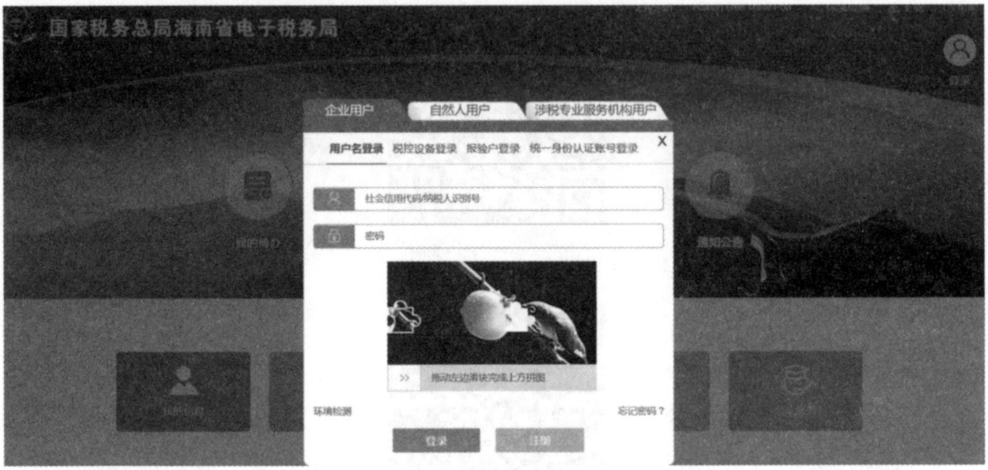

第二步：进入“我要查询—海南自贸港高端紧缺人才认定结果查询”。

第三步：输入身份证件信息查询结果。

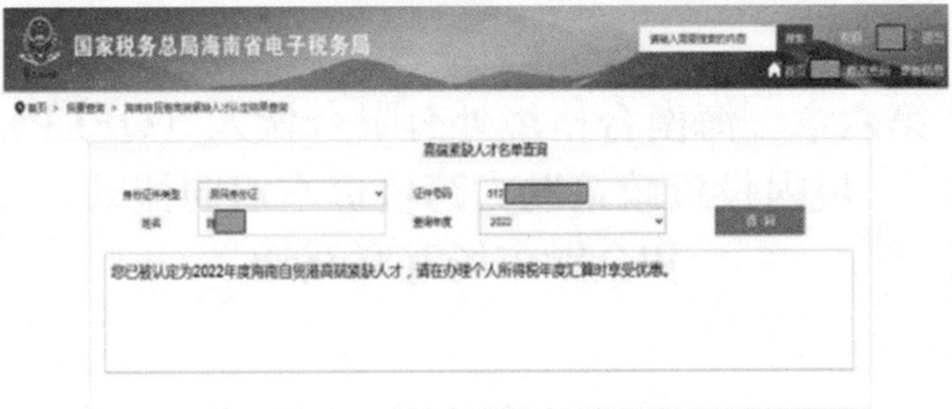

第六章　海南合格境外有限合伙人（QFLP）境内投资政策助力跨境资本双向流动和金融市场互联互通

一、政策背景

2020年10月10日，海南省地方金融监督管理局、海南省市场监督管理局、中国人民银行海口中心支行、中国证券监督管理委员会海南监管局印发《海南省关于开展合格境外有限合伙人（QFLP）境内股权投资暂行办法》（称《海南QFLP暂行办法》），海南成为QFLP试点地区。

2021年3月30日，《中国人民银行 中国银行保险监督管理委员会 中国证券监督管理委员会 国家外汇管理局关于金融支持海南全面深化改革开放的意见》发布，该意见提出在风险可控前提下，允许海南自由贸易港内合格境外有限合伙人（QFLP）按照余额管理模式自由汇出、汇入资金，简化外汇登记手续。

推行QFLP试点，引导外资支持海南自由贸易港建设，为实体经济发展、科技创新提供金融支撑动能，有利于企业拓宽融资渠道、降低融资成本，助力跨境资本的双向流动和金融市场的互联互通，为海南自由贸易港发展现代金融产业提供新动能。

二、政策优势

与上海、深圳、珠海等地区的QFLP制度相比，海南QFLP制度更为高效、便捷，主要有如下三个优势：

（一）免联审

海南QFLP基金管理人及基金的设立注册流程，取消了联席会议审核试点资格制度，采用“推荐函”形式予以代替，即省直相关职能部门、市（县）人民政府（或授权同级金融管理单位）、重点产业园区管委会均可成为海南QFLP基金管理人及基金的推荐主体。

（二）范围广

对海南QFLP基金经营范围采取负面清单管理模式，比起北京等仍适用正面清单的城市，极大拓宽了投资范围，同时还通过例外约定为海南QFLP基金投资二级市场股票和进行企业债券交易预留了空间。

（三）低门槛

海南QFLP基金管理人及基金的登记注册在满足中国证券投资基金业协会基本要求的前提下，不另设要求，包括对企业注册资本或认缴出资数额、首次出资比例、出资期限均无设定限制。

三、政策解读

（一）投资范围——“负面清单管理+例外”模式

海南QFLP基金的投资范围采取“负面清单管理+例外”的管理模式，即针对不在清单内的业务均可开展投资活动，同时针对QFLP基金投资二级股票市场和进行企业债券交易预留了空间，经管理部门认可方可开展投资。投资者在拟进行项目投资时，拟投资项目不得为下表所列7项业务。

序号	负面清单	例外
1	在国家禁止外商投资的领域投资	—
2	二级市场股票和企业债券交易	经过海南省地方金融监督管理局、中国证券监督管理委员会海南监管局、中国人民银行海口中心支行、海南省市场监督管理局等管理部门认可的投资标的除外
3	期货等金融衍生品交易	—
4	投资于非自用不动产	—
5	挪用非自有资金进行投资	—
6	向非被投企业提供贷款或担保	—
7	国家法律法规禁止从事的其他事项	—

（二）投资交易架构类型

在海南QFLP制度下，境外投资者通常可以采用三种投资交易架构，即“外资管外资”“外资管内资”“内资管外资”，具体架构图如下：

1. 外资管外资

指外商投资的QFLP基金管理人面向境外投资者募集资金设立QFLP基金。

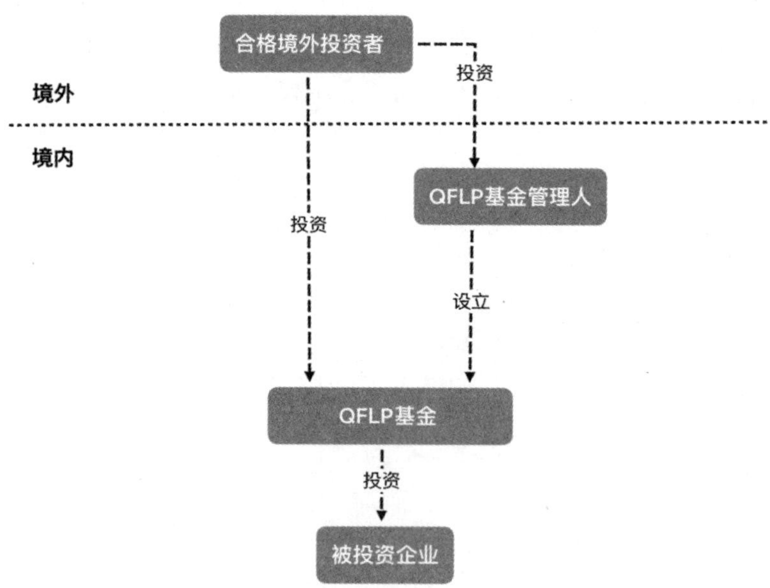

2. 外资管内资

指外商投资的QFLP基金管理人面向境内投资者募集资金设立QFLP基金。

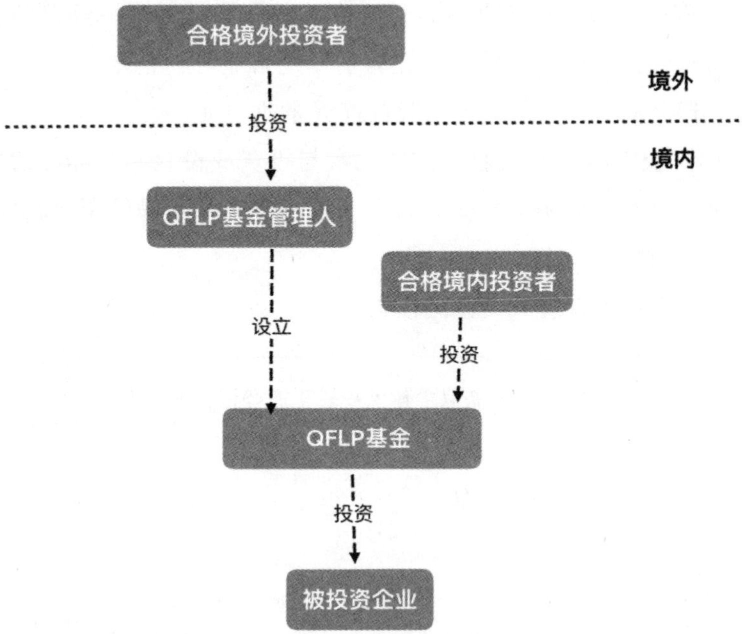

3. 内资管外资

指纯内资设立的QFLP基金管理人面向境外投资者募集资金设立QFLP基金。

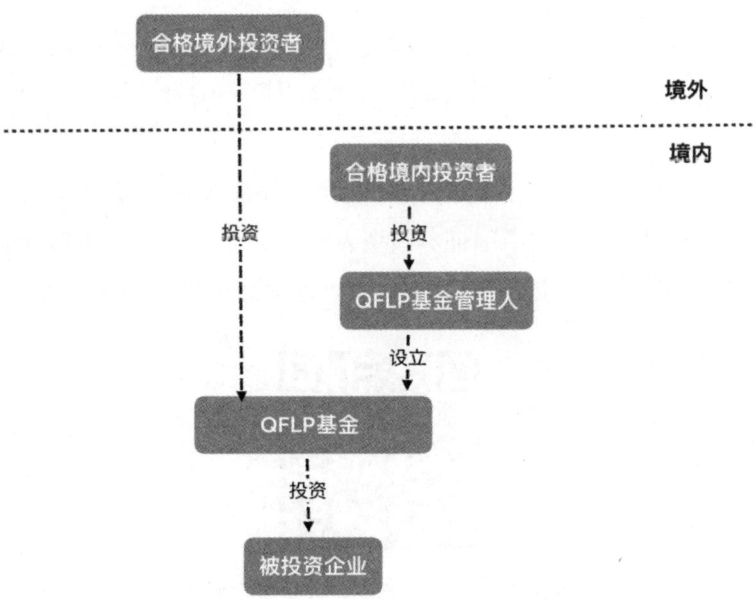

（三）企业类型

1. 海南QFLP基金管理人——外商投资股权投资管理企业

在海南省依法由境外的企业或自然人参与投资设立并实际经营的，以发起设立或受托管理外商投资股权投资企业为主要经营业务的企业。

2. 海南QFLP基金——外商投资股权投资企业

在海南省依法由境外的企业或自然人参与投资或设立并实际经营的，以非公开方式向境内外投资者募集资金，投资于境内非公开交易的企业股权的企业。

（四）设立流程

1. 海南QFLP基金管理人设立流程图

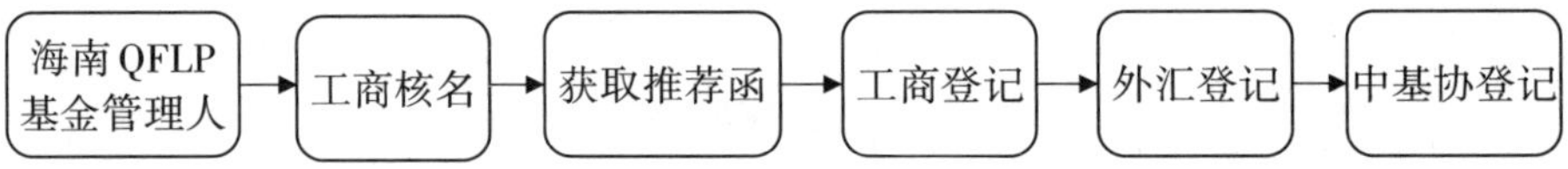

2. 海南QFLP基金设立流程图

情形一：

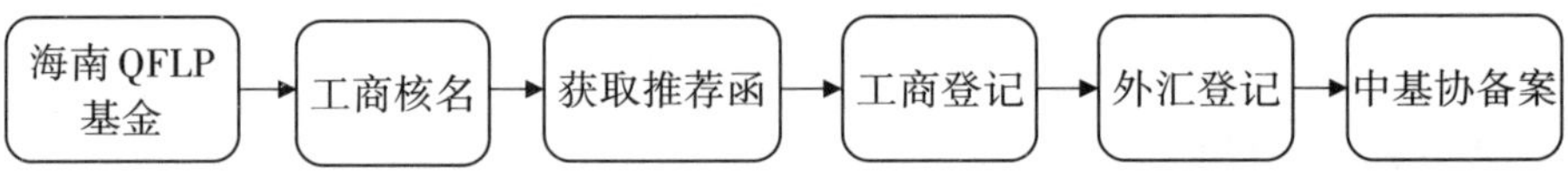

情形二：

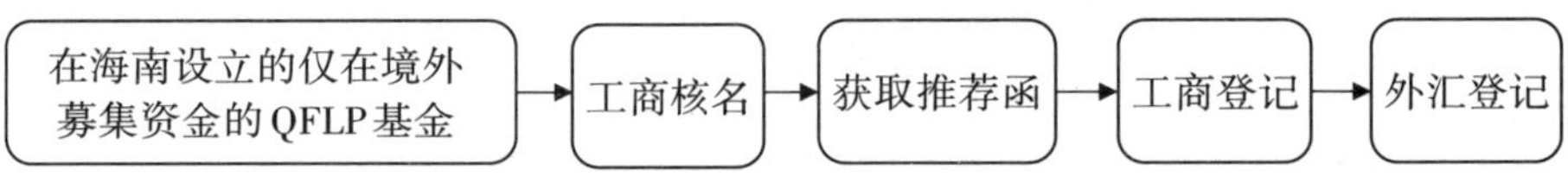

为了吸引外商来琼投资，海南针对仅在境外募集资金设立的QFLP基金给予了进一步的放宽，对其在中国证券投资基金业协会进行备案不做强制性要求，其他要求按照现行制度保持不变，具体基金备案详情以中国证券投资基金业协会规定为准。

设立流程具体步骤、申请材料扫描二维码可见

四、海南洋浦QFLP余额管理制度

根据《海南QFLP暂行办法》第五条，目前海南的QFLP基金管理人及基金在外汇管理层面按照一般外商投资企业进行管理，与国内其他地区外汇管理一致，但海南洋浦实行的余额管理简化了外汇操作流程，使资金跨境流动相对便利。

2022年1月4日，国家外汇管理局发布《国家外汇管理局开展跨境贸易投资高水平开放试点》，明确国家外汇管理局在海南自由贸易港洋浦经济开发区开展跨境贸易投资高水平开放试点，并明确将QFLP试点作为资本项目改革的一项重点。

2022年1月27日，国家外汇管理局海南省分局出台了《洋浦经济开发区开展跨境贸易投资高水平开放外汇管理改革试点实施细则》（简称《洋浦QFLP外汇实施细则》），标志着QFLP制度“外汇余额制管理”的新时代开启。

2023年3月1日，海南省地方金融监督管理局会同国家外汇管理局海南省分局、海南省市场监督管理局联合发布《海南省关于开展合格境外有限合伙人（QFLP）余额管理制试点办法》（简称《海南QFLP余额管理办法》），明确在洋浦探索试行QFLP余额管理制度。

（一）外汇余额管理制度

1. 传统模式

在《洋浦QFLP外汇实施细则》出台前，绝大多数非试点地区均未实行余额管理制度，也即基金管理人需要就每一只QFLP基金单独申请外汇额度，且每只基金的额度是相互独立的，不能由基金管理人自由分配，具体如下图：

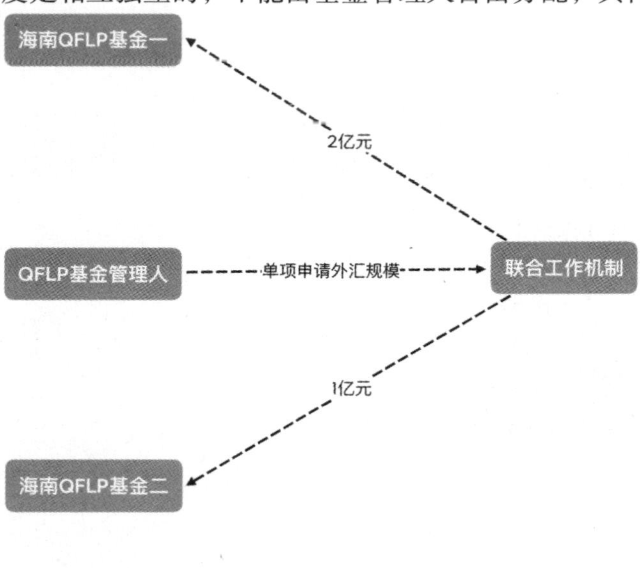

2. 海南洋浦QFLP

与针对单只基金申请规模相比的模式，海南的新政策给予了基金管理人总额度规模下自由调配的权利，允许在总额度范围内循环使用，而无须针对每只产品单独申请外汇规模。在总额度范围内可循环操作，减少了重复申请和审批的环节，使得基金管理人操作更为便利，具体按如下三步申请：

第一步：基金管理人向洋浦重点产业园区提交申请材料；试点地区重点产业园区在接收申请材料后5个工作日内对申请材料齐备性进行审核，并将经审核的申请材料提交至试点地区市、县金融工作部门征询支持意见；试点地区市、县金融工作部门在接收申请材料后2个工作日内出具支持意见并将申请材料和支持意见提交至海南省地方金融监督管理局，并由海南省地方金融监督管理局组织召开项目质询和联席评审会议，确定试点资格和QFLP规模。

第二步：基金管理人在取得规模的范围内，发起成立一只或多只QFLP基金，基金管理人发起成立的所有试点基金募集境外资金净汇入（不含股息、红利、利润、税费等经常项目收支）之和不得超过该基金管理人获得的QFLP总规模（因汇率变动等合理原因导致差异的除外）。

第三步：基金管理人可在试点基金之间灵活调剂单只基金募集境外资金规模。

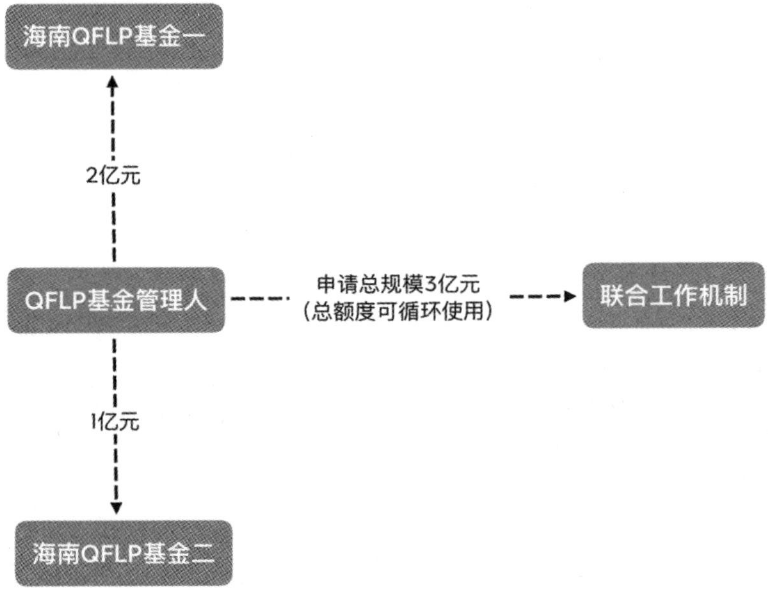

（二）资金划转新路径

1. 外汇登记流程

根据《海南QFLP暂行办法》的规定，QFLP基金管理人及QFLP基金均需办理外汇登记，在《洋浦QFLP外汇实施细则》《海南QFLP余额管理办法》出台后，QFLP基金管理人完成QFLP规模外汇登记手续后，QFLP基金无须再办理基金的外汇登记，而是直接到银行开立QFLP专用账户（即资本金账户，账户代码为2102）。QFLP专用账户可作为托管资金专用账户，用于存放境外合伙人从境外汇入或境内划入的出资。

2. 资金划款路径

余额管理制度下资金划转更加便利，基金管理人办理外汇登记后，各试点基金凭所属管理人外汇登记业务凭证、投资协议、合同等真实性证明文件在托管银行开立QFLP专用账户。资金汇出、汇入可通过QFLP专用账户完成。

3. 资金汇出手续

参照FDI分红外汇政策，传统模式的QFLP基金管理人需要就每个项目每笔分红提供完税证明才可出境。余额管理制度下，QFLP基金仅在清盘时才需向银行提供完税证明；基金清盘前向境外合伙人分配收益的，基金管理人不再需要提供完税证明，仅需向银行出具有关资金来源和用途的说明及税务承诺函，为QFLP基金跨境收支提供了便利。

五、税收政策

根据《海南QFLP暂行办法》，海南QFLP主要是采取公司制、合伙制的企业类型，对于私募股权投资基金来讲，税收负担主要体现在流转税和所得税，因交易主体的不同，不同模式所涉及的税收缴纳方式也存在不同，投资者可根据自身情况，结合海南当地税收相关法律及政策，决定参与QFLP投资所采用的交易架构及交易主体。

（一）海南QFLP基金管理人适用的税收政策

首先，要确认海南QFLP基金管理人的主要收入。QFLP基金管理人作为第三方进行基金管理，主要收入为“管理经营费”；作为QFLP基金的普通合伙人或者股东，主要收入有“股息、红利等收益”及“财产转让收益”。

其次，要根据不同的企业类型确定纳税义务人及适用税率，具体纳税情况如下：

1. 合伙制

采用合伙制的形式设立海南 QFLP 基金管理人，因合伙制企业不缴纳企业所得税，故此时的纳税义务人为每一个合伙人。合伙人是自然人的，缴纳个人所得税，合伙人是法人或其他组织的，缴纳企业所得税。

2. 公司制

按照《中华人民共和国企业所得税法》的规定，采用公司制的形式设立海南 QFLP 基金管理人按照 25% 的税率缴纳企业所得税。但在全岛封关运作前，公司制的海南 QFLP 基金管理人如满足“实质性运营”的条件，且主营业务收入占企业收入总额 60% 以上的，减按 15% 的税率征收企业所得税。

此外，若海南 QFLP 基金管理人作为海南 QFLP 基金的股东取得的股息、红利收入，属于《中华人民共和国企业所得税法》第二十六条规定的居民企业之间的股息、红利等权益性投资收益，可以享受免征企业所得税的优惠。①

（二）海南 QFLP 基金适用的税收政策

海南 QFLP 基金的主要收入有“股息、红利等收益”及“财产转让收益”，不同企业类型的纳税义务人及适用税率不同，具体纳税情况如下：

1. 合伙制

如上所述，采用合伙制的形式设立海南 QFLP 基金，因合伙制企业不缴纳企业所得税，故此时的纳税义务人为每一个合伙人。合伙人是自然人的，缴纳个人所得税；合伙人是法人和其他组织的，缴纳企业所得税。

2. 公司制

按照《中华人民共和国企业所得税法》的规定，采用公司制的形式设立海南 QFLP 基金按照 25% 的税率缴纳企业所得税。但在全岛封关运作前，公司制的海南 QFLP 基金如满足“实质性运营”的条件，且主营业务收入占企业收入总额 60% 以上的，减按 15% 征收企业所得税。

---

①《中华人民共和国企业所得税法》第二十六条：企业的下列收入为免税收入……（二）符合条件的居民企业之间的股息、红利等权益性投资收益……

《中华人民共和国企业所得税法实施条例》（2019 修正）第八十三条第一款指出，企业所得税法第二十六条第（二）项所称符合条件的居民企业之间的股息、红利等权益性投资收益，是指居民企业直接投资于其他居民企业取得的投资收益。

此外，若海南QFLP基金取得的股息、红利收入属于《中华人民共和国企业所得税法》第二十六条规定的居民企业之间的股息、红利等权益性投资收益，可以免征企业所得税。

（三）海南QFLP基金合伙人/股东适用的税收政策

海南QFLP基金的合伙人或股东主要收入有“股息、红利等收益”及“财产转让收益”。股东或合伙人是自然人的，缴纳个人所得税，此时不论股东或合伙人为居民个人还是非居民个人①，个人所得税均以所得人为纳税人，以支付所得的单位为个人扣缴义务人，即由海南QFLP基金为其自然人股东为实行代扣代缴；股东或合伙人是法人和其他组织的，缴纳企业所得税，此时股东或合伙人为居民企业②的，则股东或合伙人为纳税义务人；若为非居民企业③，应缴纳的企业所得税实行源泉扣缴，以支付人为扣缴义务人，即海南QFLP基金为扣缴义务人，从应向法人合伙人应付款项中扣缴（此处暂不考虑适用“避免双重征税协定”的情形），具体纳税情况如下：

1. 合伙制

如上所述，海南QFLP基金是合伙制时，其合伙人作为纳税义务人。

（1）若合伙人为自然人时，需缴纳个人所得税

①股息、红利收入：按“利息、股息、红利所得”应税项目，适用20%的税率。

---

①《中华人民共和国个人所得税法》第一条：在中国境内有住所，或者无住所而一个纳税年度内在中国境内居住累计满一百八十三天的个人，为居民个人。居民个人从中国境内和境外取得的所得，依照本法规定缴纳个人所得税。

在中国境内无住所又不居住，或者无住所而一个纳税年度内在中国境内居住累计不满一百八十三天的个人，为非居民个人。非居民个人从中国境内取得的所得，依照本法规定缴纳个人所得税。

纳税年度，自公历一月一日起至十二月三十一日止。

②《中华人民共和国企业所得税法》第二条第一、第二款规定，企业分为居民企业和非居民企业。本法所称居民企业，是指依法在中国境内成立，或者依照外国（地区）法律成立但实际管理机构在中国境内的企业。

③《中华人民共和国企业所得税法》第二条第一、三款规定，企业分为居民企业和非居民企业。本法所称非居民企业，是指依照外国（地区）法律成立且实际管理机构不在中国境内，但在中国境内设立机构、场所的，或者在中国境内未设立机构、场所，但有来源于中国境内所得的企业。

②财产转让收益：投资标的转让收益按“经营所得”应税项目，征收税率为5%—35%的超额累进税率，若符合享受海南自由贸易港个人所得税政策条件的，可以享受实际税负超过15%的部分予以免征的优惠政策。

（2）若合伙人为法人时，需缴纳企业所得税

综合考量企业是居民企业还是非居民企业，结合其是否在中国境内设立机构、场所，分为两种情况：

①居民企业：按照《中华人民共和国企业所得税法》的规定，按照25%的税率缴纳企业所得税。

②非居民企业：对在我国境内没有设立机构、场所或者虽设有机构、场所，但所得与其机构、场所没有实际联系的企业，其从我国取得的红利或投资标的转让收益，减按10%税率征收企业所得税；在中国境内设立机构、场所的非居民企业从居民企业取得与该机构、场所有实际联系的红利等权益性投资收益可以免征企业所得税。[①]

2. 公司制

（1）若股东为自然人时，需缴纳个人所得税

①股息、红利收入：按“利息、股息、红利所得”应税项目，适用20%的税率。

②财产转让收益：转让其持有基金的股权按“财产转让所得”应税项目，适用税率为20%。

（2）若股东为法人时，需缴纳企业所得税

综合考量企业是居民企业还是非居民企业，结合其是否在中国境内设立机构、场所，分为两种情况：

①居民企业：按照《中华人民共和国企业所得税法》的规定，按照25%的税率缴纳企业所得税。

---

①《国务院关于外国企业来源于我国境内的利息等所得减征所得税问题的通知》规定，自2000年1月1日起，对在我国境内没有设立机构、场所的外国企业，其从我国取得的利息、租金、特许权使用费和其他所得，或者虽设有机构、场所，但上述各项所得与其机构、场所没有实际联系的，减按10%税率征收企业所得税。

《中华人民共和国企业所得税法》第二十六条规定，企业的下列收入为免税收入：（三）在中国境内设立机构、场所的非居民企业从居民企业取得与该机构、场所有实际联系的股息、红利等权益性投资收益。

②非居民企业：对在我国境内没有设立机构、场所或者虽设有机构、场所，但所得与其机构、场所没有实际联系的企业，其从我国取得的股息、红利或投资标的转让收益，减按10%税率征收企业所得税；在中国境内设立机构、场所的非居民企业从居民企业取得与该机构、场所有实际联系的股息、红利等权益性投资收益可以免征企业所得税。

（四）基金管理人及基金从业人员适用的税收政策

海南QFLP基金管理人及基金的从业人员符合享受海南自由贸易港个人所得税政策条件的，其综合所得和经营所得，可享受对个人所得税负15%以上的部分予以免征的优惠。

第七章　海南合格境内有限合伙人（QDLP）境外投资政策助力跨境资本双向流动和金融市场互联互通

一、政策背景

2021年4月，海南省地方金融监督管理局、国家外汇管理局海南省分局、海南省市场监督管理局、中国证券监督管理委员会海南监管局联合印发《海南省开展合格境内有限合伙人（QDLP）境外投资试点工作暂行办法》（以下简称《QDLP暂行办法》），正式启动QDLP试点工作。

二、政策解读

（一）概念

合格境内有限合伙人（Qualified Domestic Limited Partner，QDLP），指具有QDLP试点资格的基金管理人，向属于合格投资者的境内自然人、机构投资者募集资金，设立基金进行境外投资的一种制度安排。

QDLP试点基金管理企业，指经联席评审成员单位共同认定、注册在海南省并实际经营的，以发起设立QDLP试点基金并受托管理其境外投资业务为主要经营业务，且符合《QDLP暂行办法》有关规定的企业。

QDLP试点基金，指由QDLP试点基金管理企业依法在海南省发起、以合格境内有限合伙人参与投资设立的、以基金财产按照规定进行境外投资，且符合《QDLP暂行办法》有关规定的基金。

（二）投资范围

就QDLP试点基金的投资范围而言，海南QDLP制度结合了其他地区的QDLP/QDIE制度，允许QDLP试点基金进行境外直接投资，或投资于境外金融产品，涵盖了境外的一级和二级市场，具体包括：

1. 境外非上市企业的股权和债券；

2. 境外上市企业非公开发行和交易的股票和债券；

3. 境外证券市场（包括境外证券市场交易的金融工具等）；

4. 境外股权投资基金和证券投资基金；

5. 境外大宗商品、金融衍生品；

6. 经国家有关部门批准的其他领域。

（三）其他投资途径对比

目前，境内投资者对境外投资除QDLP之外，还有以下途径：

1. ODI （Overseas Direct Investment）

即对外直接投资，指中国境内企业通过新设、并购及其他方式在境外拥有非金融企业或取得既有非金融企业所有权、控制权、经营管理权及其他权益的一种对外投资方式。企业开展ODI，要分别经过商务、发改部门的核准或备案，并在银行办理外汇登记。

2. QDII （Qualified Domestic Institutional Investor）

即合格境内机构投资者，指经中国证券监督管理委员会批准的在中国境内募集资金，运用所募集的部分或者全部资金以资产组合方式进行境外证券投资的一种投资制度。

目前我国QDII的主体限于商业银行、证券公司、保险机构、信托公司等金融机构，投资范围以境外二级证券市场投资为主。

与ODI、QDII相比，QDLP的优势如下表：

<table>
<tr><th colspan="2">QDLP的优势</th></tr>
<tr><td>与ODI相比</td><td>ODI采取“一事一议”；QDLP制度则一次性授予QDLP试点基金管理企业外汇额度，QDLP试点基金管理企业可发起成立多只QDLP试点基金，并在各QDLP试点基金对外投资额度之和不超过其所获批的总额度的情况下灵活调剂其所设立的各个QDLP试点基金的对外投资额度</td></tr>
<tr><td rowspan="2">与QDII相比</td><td>发起QDII基金的主体限于境内金融机构；在QDLP制度下，境外资产管理机构可以在境内设立外商独资的基金管理企业从而发起基金</td></tr>
<tr><td>QDII基金主要投资于境外证券市场，QDLP基金除了境外证券市场，还可以投资境外非上市企业股权、境外上市企业非公开发行和交易的股票和债券等，投资机构有更大空间采用更加灵活的境外投资策略</td></tr>
</table>

三、海南QDLP制度亮点

QDLP制度最早于2012年在上海先行先试，此后国内多个地区陆续开始QDLP试点，包括天津、青岛、北京、江苏等。相较于其他试点地区的QDLP制度，海南QDLP制度有以下亮点：

（一）路演与质询专门会议

海南QDLP的设立流程中包含路演与质询环节。申请人通过路演的方式，向参会专家和联席评审成员单位全方位展现自身优势。相较于单一的书面申请、审核方式，路演与质询让政府与企业可以面对面沟通，减少政府与企业之间的信息不对称。这有利于企业充分展现拟投资项目的优势和特点，也有利于主管部门发现潜在风险，从而在准入时期即对风险进行预防。

（二）项目沙盒

申请人在申请QDLP试点资格时可以结合项目所处的不同阶段、成熟度以及当前募资难易程度等方面提交不超过5个拟投资项目。经过路演与质询，且联审会议审核通过后，所提交的项目即组成“项目沙盒”。QDLP试点基金管理企业设立后，可根据实际情况从项目沙盒中选取项目设立QDLP试点基金，避免QDLP试点基金管理企业因尽调、内部投委会决策、募资情况、投资项目自身情况等主、客观因素而错失投资机会。

（三）动态额度管理

授予试点资格及对外投资额度后，省金融监管局会定期进行评估，了解各

QDLP试点基金管理企业对额度的使用情况，以及下一步的投资计划。省金融监管局将根据企业的实际需求，决定是否临时增发额度，或者收回未使用的额度，从而“扶优限劣”，提升额度使用效率。

四、海南QDLP的设立

（一）QDLP试点基金管理企业

1. 申请条件

申请人可通过两种方式申请试点资格。

一是在海南新设一家基金管理企业，需要满足以下条件：

条件	具体要求
注册地	海南
组织形式	公司制、合伙制等
企业形式	既可以是内资企业，也可以是外商投资企业
注册资本	不低于人民币1000万元[①]或等值外币，仅限货币出资
实缴期限	按照公司章程/合伙协议的约定或在取得试点资格之日起2年内（以孰早者为准）全部缴足
关联方	控股股东、实际控制人或执行事务合伙人中任一主体或上述任一主体的关联实体，应具备下列条件： 1. 经所在地监管机构批准从事投资管理业务或资产管理业务，具备所在地监管机构颁发的许可证件的金融企业，或具有良好投资业绩且管理基金规模不低于1亿元人民币（或等值外币）的基金管理企业； 2. 净资产应不低于1000万元人民币或等值外币，资产质量良好； 3. 在境内外资产管理行业从业3年以上； 4. 具有规范的内部治理结构和健全的内部控制制度； 5. 最近1年未受所在地监管机构的重大处罚，无重大事项正在接受司法部门、监管机构的立案调查。
主要投资管理人员	1. 1名5年以上和2名3年以上境外投资管理经验和专业资质； 2. 最近5年内无违规记录或尚在处理的经济纠纷诉讼案件。

①根据中国证券投资基金业协会《私募投资基金登记备案办法》第八条第一款第一条之规定，私募基金管理人的实缴货币资本应不低于1000万元人民币或者等值可自由兑换货币。

二是以海南存续经营的基金管理企业提交申请，需要满足：

（1）已在中国证券投资基金业协会登记为私募基金管理人；

（2）已在中国证券投资基金业协会完成至少一只私募基金的备案。

2. 设立流程

第一步：名称核准

（1）在“海南e登记”注册并实名认证；

（2）登录后进行名称自主申报；

注：根据《关于加强私募投资基金监管的若干规定》中第三条管理规定，私募基金管理人应当在名称中标明“私募基金”“私募基金管理”“创业投资”字样，并在经营范围中标明“私募投资基金管理”“私募证券投资基金管理”“私募股权投资基金管理”“创业投资基金管理”等体现受托管理私募基金特点的字样。

QDLP试点基金管理企业的名称可为：××××私募基金管理有限公司、××××私募基金有限公司、××××私募基金合伙企业（有限合伙）、××××私募基金管理合伙企业（有限合伙）。

（3）如在“海南e登记”上选择“前置审批”，则名称保留1年；如未选择“前置审批”，则名称保留2个月。

第二步：取得资格

受理部门：海南省地方金融监督管理局

办理流程：申请人向省金融监管局提交参与海南省QDLP试点工作的申请，省金融监管局收取全部申请材料并进行审核，材料齐全且符合准入条件的申请人可参加路演与质询专门会议及联席评审会议。联席评审成员单位由省金融监管局、省外汇管理局、省市场监管局、省证券监管局、省发展改革委和省商务厅等部门共同组成，联审成员单位将根据申请人的专业程度、私募投资履历、海外投资策略和拟投资项目的实际需要等决定是否给予试点资格和额度，由省金融监管局向申请人出具同意开展试点、给予试点额度的书面意见，并在省金融监管局门户网站公示获得试点资格及额度的申请人。

申请材料：

序号	材料名称
1	试点申请书
2	授权委托书
3	存续经营的QDLP试点基金管理企业或其控股股东、实际控制人或执行事务合伙人营业执照/登记注册证明或其他身份证明文件
4	公司章程/合伙协议或草案
5	内部控制制度，包括会计制度、内部审计制度、风险控制制度、信息公开制度等
6	存续经营的境内基金管理企业，应提交在中国证券投资基金业协会私募基金管理人登记记录以及其管理基金在中国证券投资基金业协会的备案记录
7	申请人最近1年未受所在地监管机构的重大处罚且无重大事项正在接受司法部门、监管机构立案调查的承诺函
8	法定代表人或执行事务合伙人（委派代表）及高级管理人员的人员情况表、简历、专业资质证书以及从业证明
9	QDLP试点基金管理企业或其控股股东、实际控制人或执行事务合伙人中任一主体或上述任一主体的关联实体须提供上一年度审计报告及境内外资产管理从业背景介绍，以及金融许可文件、既往投资业绩、基金管理规模的证明材料
10	拟设立QDLP试点基金的总规模及项目计划
11	省金融监管部门和其他试点相关单位按照审慎性原则要求的其他文件

注：以上材料正本1份、副本6份，申请资料正本须加盖公章。

QDLP试点申请书等材料模板详见以下二维码：

第三步：登记注册

受理部门：海南省市场监督管理局

办理流程：

（1）网上办：海南商事主体登记平台（“海南e登记”）

网址：https://e-register.amr.hainan.gov.cn/ICPSP/index.action

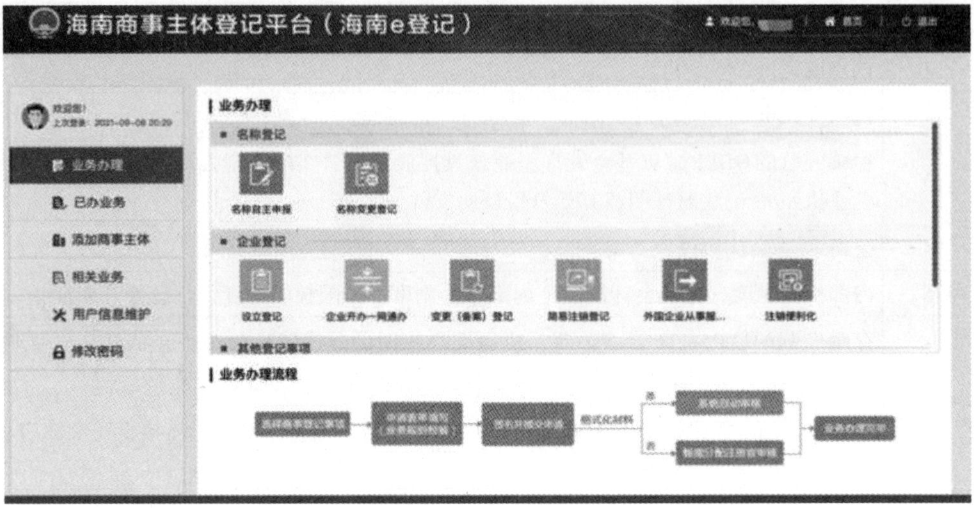

（2）掌上办：手机下载“海南e登记”APP

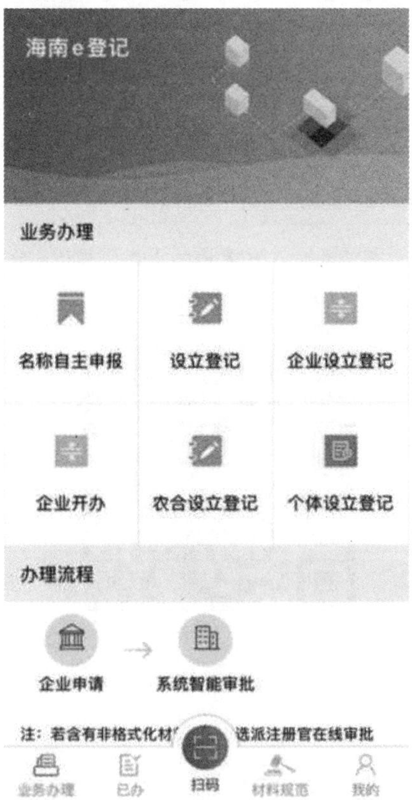

申请材料：

序号	材料名称
1	公司登记（备案）申请书或合伙企业登记（备案）申请书
2	公司章程或合伙协议
3	投资者的主体资格证明或自然人身份证明
4	法定代表人、董事和监事的任职文件及身份证明
5	住所、经营场所合法使用证明
6	同意开展QDLP试点的意见

材料报送：

QDLP试点基金管理企业设立后，应在30个自然日内向省金融监管部门报送QDLP试点基金管理企业的营业执照、公司章程/合伙协议、委托管理协议、托管协议、境内托管人与境外资产托管人签署的代理协议（如有），并抄送外汇管理部门和证券监管部门。资本金缴足后30个自然日内提供实际缴付注册资本金凭证。

第四步：私募基金管理人登记

受理部门：中国证券投资基金业协会

办理流程：

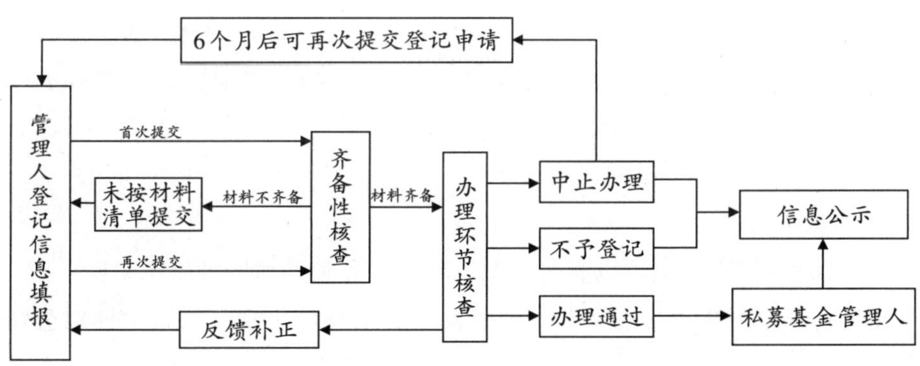

申请材料：详见中基协公布的《私募投资基金登记备案办法》、私募基金管理人登记申请材料清单（2022版）、私募股权、创业投资基金管理人登记申请

材料清单（2022版）。

注意：根据中基协2018年6月21日发布的《关于合格境内有限合伙人（QDLP）在协会进行管理人登记的特别说明》，鉴于QDLP试点基金的投资范围涉及境外的证券、股权和另类投资等多个领域，按照《私募基金登记备案相关问题解答（十三）》规定的专业化经营原则，QDLP试点基金管理企业可登记为其他私募投资基金管理人。

第五步：外汇登记

受理部门：国家外汇管理局海南省分局

申请材料：

序号	材料名称
1	申请书（包括但不限于QDLP试点基金管理企业基本情况、拟发起QDLP试点基金情况、投资计划等）
2	省金融监管部门关于试点资格以及对外投资额度的书面意见
3	营业执照（如有）
4	中国证券投资基金业协会的登记或备案情况（如有）
5	如投资行为需履行境外投资备案或核准手续的，提交境外投资主管部门出具的项目核准文件或备案通知书等相关书面意见

注：QDLP试点基金管理企业在获取试点资格和额度一年内应开展业务，设立QDLP试点基金，否则省金融监管局有权取消其试点资格并收回全部试点额度，如需开展业务，需要重新申请试点资格和试点额度。因日后续约或追加投资导致基金获批额度不足的，QDLP试点基金管理企业应重新申请追加额度。

（二）QDLP试点基金

1. 组织架构

海南QDLP试点基金可以有公司型、合伙型和契约型三种组织架构。

在公司型QDLP试点基金中，投资者以股东身份出现，投资额即对公司的出资额，投资者以出资额为限对QDLP试点基金承担责任，同时享有股东权利。

在合伙型QDLP试点基金中，投资者为有限合伙人，通常由基金管理人作为普通合伙人自行管理，或者普通合伙人聘请管理人进行基金管理。

在契约型QDLP试点基金中，投资者与基金管理人、基金托管人通过签订基金合同形成信托法律关系，基金管理人、基金托管人共同构成信托法律关系中的受托人，基金份额持有人则同时是信托法律关系中的委托人和受益人。

2. 设立要求

QDLP试点基金管理企业设立后，可凭获准试点书面意见在省市场监管局办理公司型和合伙型QDLP试点基金的登记注册。契约型QDLP试点基金无须登记注册。

条件	具体要求
注册地	海南
组织形式	公司型、合伙型或契约型等
初始募集规模	认缴出资金额/初始募集规模不低于人民币3000万元（或等值外币），仅限于货币出资
合格投资者	境内自然人、机构投资者或其他投资者，应符合以下标准： 1. 净资产不低于1000万元的法人单位； 2. 金融资产不低于300万元或最近三年个人年均收入不低于50万元的个人； 3. 投资于单只QDLP试点基金的金额不低于100万元人民币或等值外币。
	下列投资者可视为合格境内有限合伙人： 1. 社会保障基金、企业年金等养老基金，慈善基金等社会公益基金； 2. 依法备案的资产管理产品； 3. 投资于所管理基金的基金管理人及其从业人员； 4. 中国证监会规定的其他投资者。
境内托管人	在海南设有分支机构的商业银行或具有基金托管资质并符合一定条件的金融机构作为境内托管人
行政事务管理人	自行管理或委托符合相关规定条件的境内企业作为行政事务管理人

QDLP试点基金境外投资，如需履行境外投资备案或核准手续的，应按照相关法律法规的规定在商务、发改等部门办理。

3. 基金备案

受理部门：中国证券投资基金业协会

办理流程：

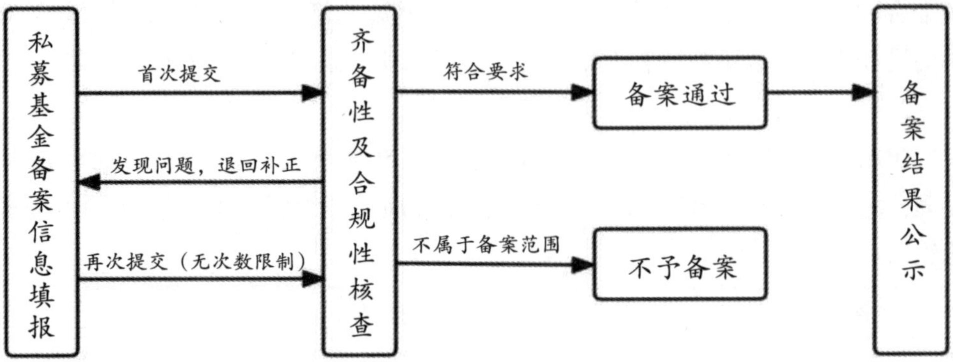

申请材料：详见中基协公布的《私募投资基金登记备案办法》《私募投资基金备案申请材料清单》。

（三）账户开立

QDLP试点基金一般需要开立基本户、募集户和托管户。

开户的主体因QDLP试点基金的组织形式而不同：公司型、合伙型QDLP试点基金可凭QDLP试点基金管理企业通过外汇登记后获得的业务登记凭证开立银行账户；契约型QDLP试点基金由QDLP试点基金管理企业凭业务登记凭证代其开立QDLP业务专用账户。

QDLP试点基金管理企业募集资金后，可在购汇后或直接以人民币形式通过托管资金专用账户进行境外投资。

开户材料清单：

序号	材料名称	序号	材料名称
1	营业执照	8	入园协议等（如有）
2	法人身份证	9	开户申请书
3	经办人身份证	10	结算业务产品申请书
4	支付联系人身份证	11	印鉴卡
5	网银管理员身份证	12	法人授权委托书
6	印章备案回执	13	机构税收声明
7	公司章程		

注：1. 开立募集户和托管户还需签订募集协议和托管协议。

2. 若开立托管户，还应提供试点相关单位出具的同意开展试点、给予试点额度的书面意见和办理完成外汇登记的证明材料。

QDLP业务专用账户的收入范围包括：从境内投资者募集的资金；对外投资赎回款和清算、转股、减资款；利润、分红、利息以及其他经常项下收入；外汇局允许的其他收入。

QDLP业务专用账户的支出范围包括：划至境外进行规定范围内投资；结汇或直接划至境内有限合伙人账户；支付相关税费；外汇局允许的其他支出。

（四）额度管理

1. 额度申请

在未超过海南省QDLP总额度的前提下，单家QDLP试点基金管理企业的额度申请和单个项目的投资额度无限制，按照“实需原则”申请额度。省金融监管局将根据项目实际需要确定批复试点额度。

2. 灵活调剂

QDLP试点基金管理企业可发起成立多只QDLP试点基金，单个QDLP试点基金的投资额度无限制，并且QDLP试点基金管理企业可在各QDLP试点基金之间灵活调剂单只基金的对外投资额度，只要各单只QDLP试点基金的对外投资额度之和不超过QDLP试点基金管理企业取得的对外投资额度。

3. 余额管理

海南QDLP对外投资额度实行余额管理。QDLP试点基金管理企业发起的所有QDLP试点基金的对外投资资金净汇出（不含股息、税费、利润等经常项目收支）之和不得超过该QDLP试点基金管理企业获得的投资额度。

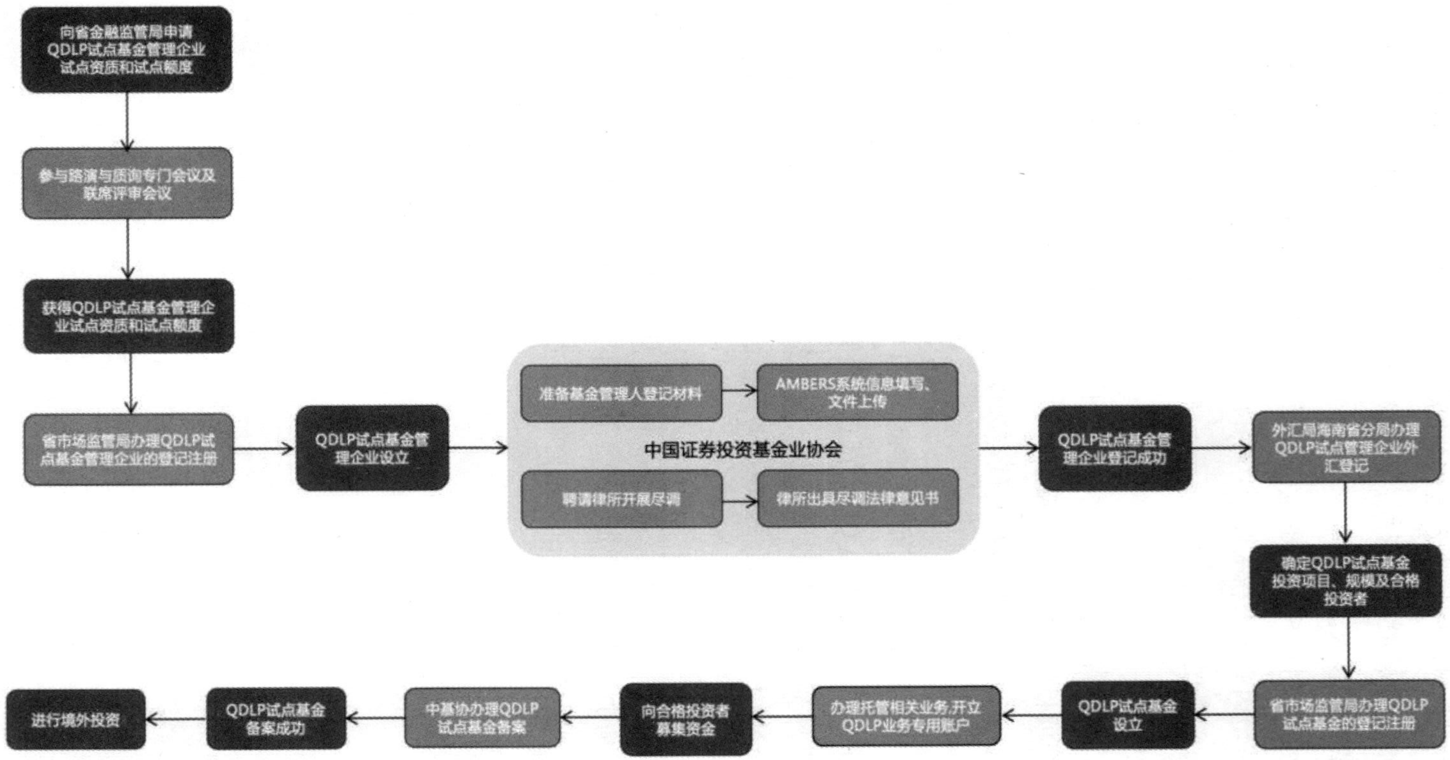

QDLP试点基金管理企业及试点基金设立流程图

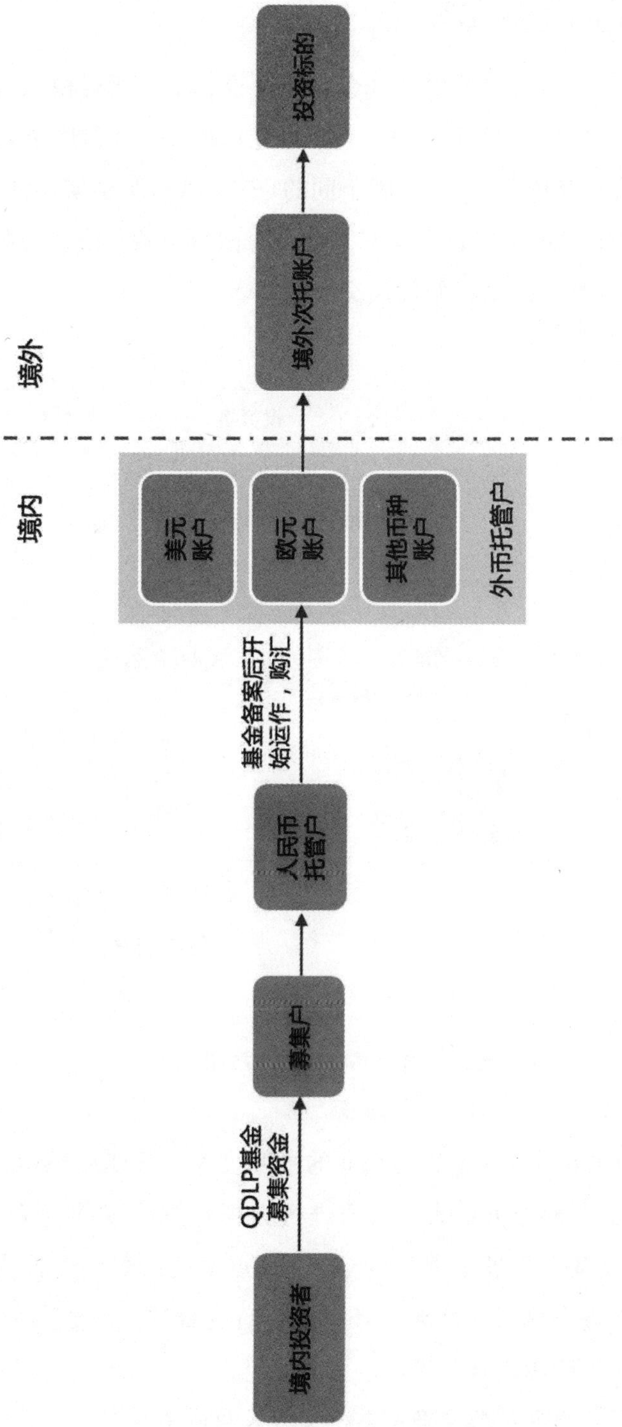

QDLP试点基金资金流向示意图

五、海南QDLP税收政策

QDLP的税务涉及两类主要税种（企业所得税、个人所得税）、三种组织形式（公司、合伙和契约）、四个纳税主体（QDLP试点基金管理企业、QDLP试点基金、投资者及基金从业人员）。因不同的QDLP试点基金架构涉及的纳税规则也存在不同，投资者可根据自身情况，结合海南自由贸易港的税收优惠政策，决定发起QDLP试点基金的交易架构及交易主体。

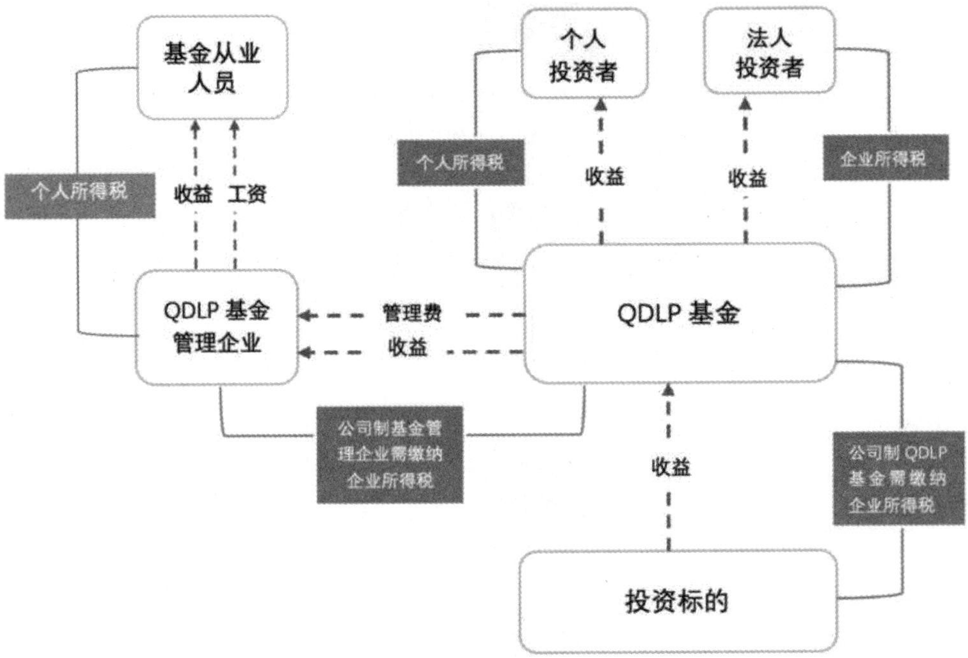

QDLP试点基金纳税示意图

(一) QDLP试点基金管理企业层面

首先，确认QDLP试点基金管理企业的主要收入。若QDLP试点基金管理企业仅作为第三方受托对QDLP试点基金进行管理，则主要收入为“管理经营费”；若QDLP试点基金管理企业作为QDLP试点基金的普通合伙人或者股东，主要收入除了“管理咨询费”之外，还包括以普通合伙人或股东身份取得的股息、红利等收益及财产转让收益等。

其次，根据不同的企业类型确定纳税义务人及适用税率。

1. 合伙制

QDLP试点基金管理企业为合伙制企业，则无须缴纳企业所得税，此时的纳税义务人为QDLP试点基金管理企业的合伙人。合伙人是自然人的，缴纳个人所得税；合伙人是法人和其他组织的，缴纳企业所得税。

2. 公司制

根据《中华人民共和国企业所得税法》（下称企业所得税法）的规定，居民企业应按照25%的税率缴纳企业所得税。但在海南封关运作前，公司制的海南QDLP试点基金管理企业如满足“实质性运营”条件，且其主营业务收入占企业收入总额60%以上的，可享受15%的企业所得税的税收优惠。

此外，若QDLP试点基金管理企业为公司型QDLP试点基金的股东，则其取得的股息、红利收入，符合企业所得税法第二十六条、《中华人民共和国企业所得税法实施条例》（2019修正）第八十三条之规定①的，可以享受股息、红利等权益性投资收益免征企业所得税。

（二）QDLP试点基金层面

QDLP试点基金的主要收入有“股息、红利等收益”及“财产转让收益”，不同类型的基金，其纳税义务人和应缴税税率都各不相同。

1. 合伙型/契约型

合伙型和契约型QDLP试点基金均不是纳税主体，无须缴纳企业所得税，此时的纳税义务人为QDLP试点基金的投资者。投资者是自然人的，缴纳个人所得税；投资者是法人和其他组织的，缴纳企业所得税。

2. 公司型

根据《企业所得税法》的规定，公司型QDLP试点基金按照25%的税率缴纳企业所得税。但在海南封关运作前，公司型QDLP试点基金如满足“实质性运营”条件，且其主营业务收入占企业收入总额60%以上的，减按15%税率征收企业所得税。

①《中华人民共和国企业所得税法》第二十六条规定，企业的下列收入为免税收入……（二）符合条件的居民企业之间的股息、红利等权益性投资收益……

《中华人民共和国企业所得税法实施条例》（2019修正）第八十三条规定，企业所得税法第二十六条第（二）项所称符合条件的居民企业之间的股息、红利等权益性投资收益，是指居民企业直接投资于其他居民企业取得的投资收益……

因QDLP试点基金为境外投资，不符合“居民企业直接投资于其他居民企业”的情形，故QDLP试点基金取得的股息、红利收益无法享受免税。

但根据《企业所得税法》第二十三条、第二十四条[①]之规定，企业来源于中国境外的应税所得，已在境外缴纳的企业所得税税额可以抵免，并且企业从其直接或者间接控制的外国企业分得的来源于中国境外的股息、红利等权益性投资收益所负担的企业所得税税额也可以抵免。公司型QDLP试点基金的境外收入所负担的企业所得税，符合上述条件的可以抵免。

（三）QDLP试点基金投资者层面

海南QDLP试点基金投资者的主要收入有“股息、红利等收益”及“财产转让收益”。投资者是自然人的，缴纳个人所得税；投资者是法人和其他组织的，缴纳企业所得税。

1. 契约型

因契约型的QDLP试点基金不是纳税主体，QDLP试点基金的投资者为纳税义务人。

投资者为自然人时，取得的利息、红利等收益，按“利息、股息、红利所得”应税项目，适用20%的税率；取得的投资标的转让收益，按“财产转让所得”应税项目，适用20%的税率。

投资者为法人时，取得的利息、红利等收益以及投资标的转让收益，均按25%的税率征收企业所得税。但如果该法人投资者属于注册在海南自由贸易港并实质性运营的鼓励类产业企业[②]，且满足主营业务收入占企业收入总额60%以上的，减按15%税率征收企业所得税。

---

①《中华人民共和国企业所得税法》第二十三条规定，企业取得的下列所得已在境外缴纳的所得税税额，可以从其当期应纳税额中抵免，抵免限额为该项所得依照本法规定计算的应纳税额；超过抵免限额的部分，可以在以后五个年度内，用每年度抵免限额抵免当年应抵税额后的余额进行抵补：（一）居民企业来源于中国境外的应税所得……

第二十四条规定，居民企业从其直接或者间接控制的外国企业分得的来源于中国境外的股息、红利等权益性投资收益，外国企业在境外实际缴纳的所得税税额中属于该项所得负担的部分，可以作为该居民企业的可抵免境外所得税税额，在本法第二十三条规定的抵免限额内抵免。

②鼓励类产业的判定，内资企业适用《海南自由贸易港鼓励类产业目录（2020年本）》，外商投资企业适用《鼓励外商投资产业目录（2019年版）》。

2. 合伙型

因合伙型的QDLP试点基金不是纳税主体，QDLP试点基金的合伙人作为纳税义务人。

合伙人为自然人时，需缴纳个人所得税：（1）股息、红利等收益，按“利息、股息、红利所得”应税项目，按20%的税率征收个人所得税；（2）投资标的转让收益，按“经营所得”应税项目，按5%—35%的超额累进税率征收个人所得税。但如果个人投资者符合享受海南自由贸易港个人所得税政策条件的，经营所得可以享受实际税负超过15%的部分予以免征的优惠政策。

合伙人为法人时，取得的股息、红利等收益以及投资标的转让收益，均按25%的税率缴纳企业所得税。但如果法人投资者属于注册在海南自由贸易港并实质性运营的鼓励类产业企业，且满足主营业务收入占企业收入总额60%以上的，减按15%税率征收企业所得税。

3. 公司型

公司型QDLP试点基金缴纳企业所得税后，其股东从QDLP试点基金取得的收益也应缴纳相应所得税。

股东为自然人时，取得的股息、红利收益，按“利息、股息、红利所得”应税项目，适用20%的税率；取得的股权转让收益，按“财产转让所得”应税项目，适用20%的税率。

股东为法人时，按照25%的税率缴纳企业所得税。如果法人投资者属于注册在海南自由贸易港并实质性运营的鼓励类产业企业，且满足主营业务收入占企业收入总额60%以上的，减按15%税率征收企业所得税。此外，符合《企业所得税法》第二十六条、《中华人民共和国企业所得税法实施条例》（2019修改）第八十三条之规定的，法人投资者取得的股息、红利所得免征企业所得税。

（四）基金从业人员层面

QDLP试点基金管理企业的基金从业人员符合享受海南自由贸易港个人所得税政策条件的，其综合所得（工资薪酬、人才补贴等）和经营所得（股权转让收益），可享受个人所得税负超15%以上的部分予以免征的优惠。

第八章　海南国际教育创新岛政策助力教育业发展

一、政策背景

《中共中央 国务院关于支持海南全面深化改革开放的指导意见》指出，鼓励国内知名高校和研究机构在海南设立分支机构，鼓励海南引进境外优质教育资源，举办高水平中外合作办学机构和项目。《中华人民共和国海南自由贸易港法》明确，境外高水平大学、职业院校可以在海南自由贸易港设立理工农医类学校。

中共中央、国务院发布的《海南自由贸易港建设总体方案》明确建设海南“理工农医类国际教育创新岛”，“允许境外理工农医类高水平大学、职业院校在海南自由贸易港独立办学。推动国内重点高校引进国外知名院校在海南自由贸易港举办具有独立法人资格的中外合作办学机构”。

2019年6月20日，教育部、海南省人民政府联合印发《关于支持海南深化教育改革开放实施方案》。该方案指出，要推动海南建设国际教育创新岛，全面深化教育改革、扩大教育开放，把海南建设成为中国特色社会主义教育开放发展、创新发展的生动范例。支持境外一流高校到海南开展中外合作办学，建立本科以上层次中外合作办学机构（项目）部省联合审批机制。在条件成熟的前提下，试点境外工科大学、职业院校在海南独立办学，探索境外高水平企业在海南独资办学。支持海南设立独立法人的医学健康类中外合作办学机构。支持境内外一流高校和科研机构围绕海洋、热带农业（种业）、大健康、旅游、文化创意等重点领域，在海南布局设立分支机构、重点实验室或科技成果孵化转化中心等。

为创建“留学海南”品牌，高标准建设国际教育创新岛，《海南省“十四五”建设国际旅游消费中心规划》提出，到2025年，力争国际留学生达到1万人以上，吸引国际教育消费300亿元，国际教育消费回流5万人。

二、发展优势

（一）独特的区位优势

首先，海南是“一带一路”建设的重要战略支点。海南正在利用自由贸易港建设的契机，加强同“一带一路”沿线国家和地区开展多层次、多领域的务实合作，并通过搭建文化、教育、农业、旅游等交流平台，在建设21世纪海上丝绸之路的重要战略支点上发挥着重要作用。其次，海南正好是连接中国和东南亚两个经济发展的活跃地区的中间节点，可以预见，海南封关运作后其纽带作用将无可替代。再次，海南正处于《区域全面经济伙伴关系协定》（Regional Comprehensive Economic Partnership，RCEP）所涉区域的中心位置，而这一区域则是当前世界上人口最多、经贸规模最大、最具发展潜力的自由贸易区。此外，海南亦为国内国际双循环的中间交汇点，其区位优势同样不可小觑。因此，海南优越的地理位置和得天独厚的区位优势，非常有利于吸纳、集聚、培育全球一流的教育资源，并促进国际国内教育联动发展。

（二）政策的大力支持

海南全面深化教育改革开放，努力打造新时代中国教育开放发展新标杆。海南国际教育创新岛获得国家政策的大力支持。近年来，党和国家高度重视海南自由贸易港建设及其框架下的国际教育创新岛建设与发展。先后下发或出台的《中共中央 国务院关于支持海南全面深化改革开放的指导意见》《海南自由贸易港建设总体方案》《教育部等八部门关于加快和扩大新时代教育对外开放的意见》等，明确赋予海南中国境内唯一的教育准入政策，即允许境外理工农医类高水平大学和职业院校独立办学、支持国内重点高校引进国外知名院校举办具有独立法人资格的中外合作办学机构，等等。从全国范围来看，在教育领域内允许境外高水平大学、职业院校在海南开办理工农医类学校，是国家赋予海南教育开放发展先行先试的重大探索，体现了党和国家对海南国际教育创新岛建设的高度重视和大力支持，也为其创造了难得的发展机遇、注入了强劲的发展动力。

三、政策解读

（一）独立办学

《中华人民共和国海南自由贸易港法》第四十条第二款规定：“境外高水平大学、职业院校可以在海南自由贸易港设立理工农医类学校。”（以下称境外高水平大学设立海南学校）

《中华人民共和国中外合作办学条例》第六十二条规定：外国教育机构、其他组织或者个人不得在中国境内单独设立以中国公民为主要招生对象的学校及其他教育机构。

政策亮点：一是允许境外理工农医类高水平大学、职业院校在海南自由贸易港独立办学，该项政策作为中国境内唯一的教育准入政策，是国家赋予海南教育开放发展先行先试的重大探索，为海南创造了难得的发展机遇；二是允许境外高水平大学设立的海南学校登记为非营利性民办非企业单位法人，便于扩大国际交流与合作，承接政府转移的服务职能并享受一系列政策优惠。

办学流程：由国家部委出台境外高水平大学设立海南学校的实施办法或正面清单、负面清单等规定，明确设置条件和程序、运行机制，并加快审批。

招生及录取：1. 探索以“中国高考为基础的综合评价”招生方式招收中国籍学生，对国际学生按照不低于校本部招生标准，面向全球自主开展招生；2. 试点与国内的国际学校（国际班）签约选拔录取学生；3. 鼓励已被境外高水平大学录取，或已在境外高水平大学注册学籍的国内外学生转学到境外高水平大学设立的海南学校就读，由上述机构自主考核录取，并可发放来琼办学境外高水平大学单学位，学位证书需在中国留学服务中心进行认证。

（二）中外合作办学

推动国内重点高校引进国外知名院校在海南自由贸易港举办具有独立法人资格的中外合作办学机构。中外合作办学者可以合作举办各级各类教育机构。但是，不得举办实施义务教育和实施军事、警察、政治等特殊性质教育的机构。

政策亮点：一是海南首创实施中外合作办学部省联合审批新模式。审批程序减少省级教育行政部门或省人民政府初审环节，申请机构可直接向教育部提交申报材料，经部省联合审批专家组审议后，由教育部和海南省联合审批。由部省联合专家组上门服务，赴海南进行现场评审，单独给予申报单位答辩机会。

二是遴选国内现有优秀中外合作办学机构（项目），以新增办学地点、扩大招生规模、优化招生方式等模式，到陵水黎安国际教育创新试验区开展拓展示范办学。

1. 申请主体及组织形式

申请主体。申请设立中外合作办学机构的教育机构应当具有法人资格（但是，外国教育机构同中国实施学历教育的高等学校设立的实施高等教育的中外合作办学机构，可以不具有法人资格）。中外合作办学机构不得设立分支机构，不得举办其他中外合作办学机构。已举办中外合作办学机构的中外合作办学者申请设立新的中外合作办学机构的，其已设立的中外合作办学机构应当通过原审批机关组织或者其委托的社会中介组织进行的评估。

组织形式。具有法人资格的中外合作办学机构应当设立理事会或者董事会，不具有法人资格的中外合作办学机构应当设立联合管理委员会。理事会、董事会或者联合管理委员会的中方组成人员不得少于1/2。

理事会、董事会或者联合管理委员会由5人以上组成，设理事长、副理事长，董事长、副董事长或者主任、副主任各1人。中外合作办学者一方担任理事长、董事长或者主任的，由另一方担任副理事长、副董事长或者副主任。

具有法人资格的中外合作办学机构的法定代表人，由中外合作办学者协商，在理事长、董事长或者校长中确定。

人员要求。中外合作办学机构的理事会、董事会或者联合管理委员会由中外合作办学者的代表、校长或者主要行政负责人、教职工代表等组成，其中1/3以上组成人员应当具有5年以上教育、教学经验；中外合作办学机构的校长或者主要行政负责人，应当具有中华人民共和国国籍，在中国境内定居，热爱祖国，品行良好，具有教育、教学经验，并具备相应的专业水平并经审批机关核准。

2. 审批

根据申请的中外合作办学机构的不同类型，审批主体分以下情形：

<table>
<tr><th>序号</th><th>申请办学类型</th><th>审批主体</th></tr>
<tr><td>1</td><td>本科以上高等学历教育</td><td>国务院教育行政部门</td></tr>
<tr><td>2</td><td>高等专科教育</td><td rowspan="2">拟设立机构所在地的省、自治区、直辖市人民政府审批</td></tr>
<tr><td>3</td><td>非学历高等教育</td></tr>
<tr><td>4</td><td>中等学历教育</td><td rowspan="4">拟设立机构所在地的省、自治区、直辖市人民政府教育行政部门审批</td></tr>
<tr><td>5</td><td>自学考试助学</td></tr>
<tr><td>6</td><td>文化补习</td></tr>
<tr><td>7</td><td>学前教育</td></tr>
<tr><td>8</td><td>职业技能培训</td><td>拟设立机构所在地的省、自治区、直辖市人民政府劳动行政部门审批</td></tr>
</table>

3. 办学投入

中外合作办学者可以用资金、实物、土地使用权、知识产权以及其他财产作为办学投入。中外合作办学者的知识产权投入不得超过各自投入的三分之一。但是，接受国务院教育行政部门、劳动行政部门或者省、自治区、直辖市人民政府邀请前来中国合作办学的外国教育机构的知识产权投入可以超过其投入的三分之一。

中外合作办学者作为办学投入的知识产权，其作价由中外合作办学者双方按照公平合理的原则协商确定或者聘请双方同意的社会中介组织依法进行评估，并依法办理有关手续。

中国教育机构以国有资产作为办学投入举办中外合作办学机构的，应当根据国家有关规定，聘请具有评估资格的社会中介组织依法进行评估，根据评估结果合理确定国有资产的数额，并依法履行国有资产的管理义务。

民办学校的举办者不得向学生、学生家长筹集资金举办民办学校，不得向社会公开募集资金举办民办学校。

办学投入汇总表

<table>
<tr><th>序号</th><th>办学投入</th><th>说明</th></tr>
<tr><td>1</td><td>资金</td><td>1. 不得向学生、学生家长筹集资金；
2. 不得向社会公开募集资金。</td></tr>
<tr><td>2</td><td>实物</td><td rowspan="2">以国有资产作为办学投入的，应评估确定数额，并依法履行管理义务。</td></tr>
<tr><td>3</td><td>土地使用权</td></tr>
<tr><td>4</td><td>知识产权</td><td>1. 分为协商作价和评估作价两种方式；
2. 不得超过中外合作办学者各自投入的三分之一（受邀的外国教育机构作价可不受三分之一限制）。</td></tr>
<tr><td>5</td><td>其他财产</td><td>—</td></tr>
</table>

4. 设立流程

设立中外合作办学机构，分为筹备设立和正式设立两个步骤。但是，具备办学条件、达到设置标准的，可以直接申请正式设立。

（1）申请筹备设立中外合作办学机构，应当提交下列文件。

<table>
<tr><th>序号</th><th>提交材料</th><th>具体内容</th></tr>
<tr><td>1</td><td>申办报告</td><td>主要包括中外合作办学者、拟设立中外合作办学机构的名称、培养目标、办学规模、办学层次、办学形式、办学条件、内部管理体制、经费筹措与管理使用等。</td></tr>
<tr><td>2</td><td>合作协议</td><td>包括拟设立的中外合作办学机构的名称、住所，中外合作办学者的名称、住所、法定代表人，办学宗旨和培养目标，合作内容和期限，各方投入数额、方式及资金缴纳期限，权利、义务，争议解决办法等内容。
合作协议应当有中文文本；有外文文本的，应当与中文文本的内容一致。</td></tr>
<tr><td rowspan="3">3</td><td rowspan="3">资产证明</td><td>资产来源、资金数额及有效证明文件，并载明产权。</td></tr>
<tr><td>属捐赠性质的校产须提交捐赠协议，载明捐赠人的姓名、所捐资产的数额、用途和管理办法及相关有效证明文件。</td></tr>
<tr><td>不低于中外合作办学者资金投入百分之十五的启动资金到位证明。</td></tr>
</table>

（2）完成筹备设立申请正式设立的，应当提交下列文件：①正式设立申请书；②筹备设立批准书；③筹备设立情况报告；④中外合作办学机构的章程，首届理事会、董事会或者联合管理委员会组成人员名单；⑤中外合作办学机构资产的有效证明文件；⑥校长或者主要行政负责人、教师、财会人员的资格证明文件。（注：经批准筹备设立中外合作办学机构的，应当自批准之日起3年内提出正式设立申请；超过3年的，中外合作办学者应当重新申报。）

（3）直接申请正式设立中外合作办学机构的，应当提交上述第①项、第④项、第⑤项、第⑥项和《中华人民共和国中外合作办学条例》第十四条第（二）项、第（三）项、第（四）项所列文件。

申请筹备设立或者直接申请正式设立中外合作办学机构，应当由中国教育机构提交《中华人民共和国中外合作办学条例》规定的文件。其中，申办报告或者正式设立申请书应当按照国务院教育行政部门根据《中华人民共和国中外合作办学条例》第十四条第（一）项和第十七条第（一）项制定的中外合作办学机构申请表所规定的内容和格式填写。

5. 审批

（1）审批时限：申请正式设立实施非学历教育的中外合作办学机构的，审批机关应当自受理申请之日起3个月内作出是否批准的决定；申请正式设立实施学历教育的中外合作办学机构的，审批机关应当自受理申请之日起6个月内作出是否批准的决定。

（2）审批结果：批准的，颁发统一格式、统一编号的中外合作办学许可证；不批准的，书面说明理由。

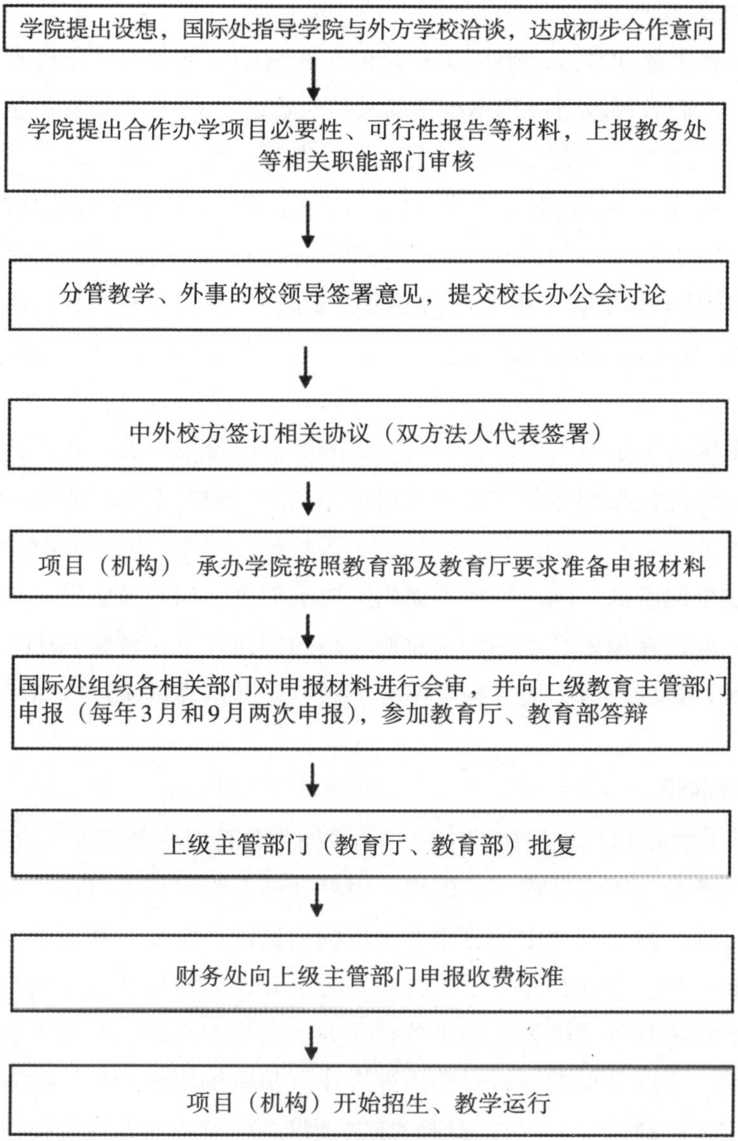

扫描二维码获取材料清单及填写指南

6. 教师

外方合作办学机构应当有一定数量的专职教师，其中实施学历教育的民办学校聘任的专职教师数量应当不少于其教师总数的1/3。外方合作办学者应当从本教育机构中选派一定数量的教师到中外合作办学机构任教。中外合作办学机构聘任的外籍教师和外籍管理人员，应当具备学士以上学位和相应的职业证书，并具有2年以上教育教学经验。聘任外籍人员的条件、申请和审批要求参照《高等学校聘请外国文教专家和外籍教师的规定》《学校及其他教育机构聘用外籍专业人员管理办法》等相关规定。

7. 招生

（1）中国籍学生用以中国高考为基础的综合评价招生方式招收，国际学生支持外方合作院校按照不低于校本部招生的标准，面向全球招收学生。（2）试点与国内的国际学校（国际班）签约选拔录取学生。（3）由招生单位自主招生，不需要参加全国考试，满足学校方面相关要求即可。（4）鼓励已被境外高水平大学录取，或已在境外高水平大学注册学籍的国内外学生转学到中外合作办学机构（项目）就读，由上述机构自主考核录取，并可发放来琼办学境外高水平大学单学位。

8. 教育教学

中外合作办学机构应当按照中国对同级同类教育机构的要求开设关于宪法、法律、公民道德、国情等内容的课程。中外合作办学机构不得进行宗教教育和开展宗教活动。国家鼓励中外合作办学机构引进国内急需、在国际上具有先进性的课程和教材。中外合作办学机构应当将所开设的课程和引进的教材报审批机关备案。实施高等学历教育的中外合作办学机构招收学生，纳入国家高等学校招生计划。实施其他学历教育的中外合作办学机构招收学生，按照省、自治区、直辖市人民政府教育行政部门的规定执行。中外合作办学机构招收境外学生，按照国家有关规定执行。

9. 证书颁发及认证

证书颁发：中外合作办学机构实施学历教育的，按照国家有关规定颁发学历证书或者其他学业证书；实施非学历教育的，按照国家有关规定颁发培训证书或者结业证书。对于接受职业技能培训的学生，经政府批准的职业技能鉴定机构鉴定合格的，可以按照国家有关规定颁发相应的国家职业资格证书。

序号	教育种类	证书类型
1	学历教育	颁发学历证书或者其他学业证书
2	非学历教育	颁发培训证书或者结业证书
3	职业技能培训	颁发职业资格证书

中外合作办学机构实施高等学历教育的，可以按照国家有关规定颁发中国相应的学位证书。

中外合作办学机构颁发的外国教育机构的学历、学位证书，应当与该教育机构在其所属国颁发的学历、学位证书相同，并在该国获得承认。

中国对中外合作办学机构颁发的外国教育机构的学历、学位证书的认证，依照中华人民共和国缔结或者加入的国际条约办理，或者按照国家有关规定办理。具体是由教育部留学服务中心（简称留服中心）开展认证活动，申请人可在留服中心网上服务大厅（学历学位认证仅接受在线提交申请材料，网址：http：//zwfw.cscse.edu.cn/）提交其认证申请。根据《国（境）外学历学位认证办法》，留服中心对下列事项进行核查并认定：①证书的真实性；②证书颁发机构与办学机构的资质与合法性；③证书在所属（在）国（地区）的被认可情况；④证书相关课程的质量保障情况；⑤证书在所属（在）国（地区）的学历学位层次及其与我国学历学位层次的对应关系；⑥申请人与证书相关的学习经历。必要时，留服中心还可以核查并认定下列事项：①证书相关课程设置和颁证要求与国际、国内同类型学历学位的差异性；②其他与认证有关的要素或者信息。

●认证流程：申请人登录中国留学网，在线注册并完成实名认证后，填写申请信息、上传申请材料并在线支付认证费用，留服中心进行评估和审核，申请人可于10—20个工作日后在认证账户的用户中心查看认证结果并打印。留服中心在认证过程的各个阶段均会发送短信和邮件提醒申请人。

网址：http：//zwfwbl.cscse.edu.cn/toLogin？sysType=front；客服电话：010-62677800

●申请材料

国（境）外学历学位认证申请材料

序号	申请人	申请材料（扫描二维码查看）
1	中国内地居民	
2	港澳台居民	
3	外籍人士	

10. 税收/扶持与奖励

捐资举办的民办学校和出资人不要求取得合理回报的民办学校，依法享受与公办学校同等的税收及其他优惠政策。

出资人要求取得合理回报的民办学校享受的税收优惠政策，由国务院财政部门、税务主管部门会同国务院有关行政部门制定。出资人根据民办学校章程的规定要求取得合理回报的，可以在每个会计年度结束时，从办学结余（指学校扣除办学成本等形成的年度净收益，扣除社会捐助、国家资助的资产，并依照本条例的规定预留发展基金以及按照国家有关规定提取其他必需的费用后的余额）中按一定比例取得回报。

另外，中外合作办学机构根据《中华人民共和国民办教育促进法实施条例》

的规定，享受国家给予民办学校的扶持与奖励措施。根据《海南省人民政府办公厅关于加快发展生活性服务业促进消费结构升级的实施意见》，鼓励省、市县引进国内外知名高校落户海南办学，为引进的知名高等教育机构无偿代建校园基础设施，实施“交钥匙”工程，在科学研究、学校建设、税收减免、机构设置、人才引进及其子女配偶落户等方面给予大力支持。对引进的国内外知名高校（研究机构）设立独立法人高等教育机构的，开始建设的第一年给予1000万的启动补助资金，以后根据绩效情况每年补助不低于400万，连续补助5年，设立非独立法人高等教育机构的补助按一半计算，所需资金由省与市县财政按比例共同承担，补助资金用于学校办学。

（三）创新模式

建立“大共享+小学院”办学模式。

一是在陵水黎安国际教育创新试验区实行“大共享+小学院”办学模式创新，专享学院楼由各高校相对独立使用，图书馆、公共教学楼、公共实验平台等公共设施共享使用，集约节约使用资源。

二是聘请国内外顶尖专家学者参与组建开放式、共享式、融合式学术委员会，建立入驻高校共同参与、共同发展的新型学术共同体，打破高校间的学科壁垒。

三是设立独立运行的海南陵水国际联合学院（平台型教育服务机构），海南陵水国际联合学院以服务和支持入驻高校在陵水黎安国际教育创新试验区高质量发展为主要职责，入驻高校独立自主办学，协调陵水黎安国际教育创新试验区入驻高校的办学资源共享、共享课程库建设等工作，为入驻高校提供教育教学和学术发展等方面的公共服务，推动高校共同发展。

（四）配套政策

打造“学在海南=留学国外”的教育消费回流新机制。

一是推动为符合规定的未成年国际学生的境外陪读人员办理私人事务类签证，在此期间陪读人员可被海南省内单位聘用，已办理工作许可、来不及出境办理工作签证的，可凭工作许可直接申办工作类居留许可。

二是在全省许可外国人就业的行业，允许海南高校国际学生开展勤工助学，由所在高校统一为开展勤工助学的国际学生代办学习类居留证件加注；鼓励在国内高校获得学士及以上学位的优秀国际学生来海南就业创业。

三是为办学提供人才落户、教师出入境免签、教师个人所得税优惠、入境基建材料及教学设备予以免税等方面的优惠政策，创造优良办学环境。其中，海南省教育厅等六部门研究制定了《海南省教育领域“银发精英”汇聚计划实施方案》，通过创新退休高层次人才使用和激励机制，面向国内外积极吸引教育领域“银发精英”人才到海南服务，加快推进国际教育创新岛建设。

“银发精英”政策内容一览表

序号	政策	具体内容
1	引进对象	高等教育领域：院士，国家实验室主任、副主任，国家重点研究中心、重点实验室、技术创新中心的主任、副主任，国家自然科学基金重大项目负责人，教育部人文社科重点研究基地负责人，排名前200位的世界知名大学校长、副校长、讲座教授、教授，QS商科硕士排名上一年度评选排名前20位的商学院院长、副院长、教授，世界著名音乐、美术、艺术、设计院校校长、副校长、讲座教授、教授，专业技术一级、二级岗位人才，全国杰出专业技术人才，国家级普通高校教学名师等。 基础教育领域：国家级教学成果特等奖（第一、二完成人）获得者、一等奖（第一完成人）获得者，全国知名中小学校校长、副校长、学科带头人等。
2	引进条件	1. 符合《海南自由贸易港高层次人才分类标准（2020）》A、B、C类标准的人才，其中符合A类人才标准的年龄要求在70岁以下，符合B、C类人才标准的年龄要求在65岁以下，特别急需紧缺的优秀人才年龄可适当放宽。 2. 具备正常履行职责的身体条件，有健全的医疗保险、养老保险及其他社会保险。 3. 具有良好的职业道德和团队协作精神。 4. 不存在法律法规规定的不得流动的情形。
3	引进程序	1.用人单位提出引进需求，按照人事管理权限报上级教育主管部门审核备案，由省教育厅建立对外招聘平台，定期发布引进岗位信息。 2. 用人单位负责组织招聘，符合引进条件的，由用人单位与引进人才签订协议。 3. 省教育厅每年组织一次“银发精英”人才认定申报，对当年符合条件的引进人才进行专家评审、公示等程序，并报省委人才工作委员会领导审定后纳入教育领域“银发精英”汇聚计划。 4. 用人单位负责为引进的“银发精英”人才申报高层次人才认定，按规定落实有关待遇。

续表

序号	政策	具体内容
4	政策支持	1. 平台支持。引进“银发精英”人才在科技项目立项、科技成果奖励、人才奖项申报等方面享受我省同类人员待遇。“银发精英”人才引进国内外著名科研院所、大学在我省设立的整建制科研机构，给予整建制科研机构最高不超过2000万元的支持。设立的分支机构，给予分支机构最高不超过500万元的支持。省财政、发展改革、科技等相关部门，采取一事一议的方式决定支持额度。 2. 安居保障。对纳入“银发精英”汇聚计划的A、B、C类高层次人才按相应标准提供人才公寓。纳入“银发精英”汇聚计划的人才及其家庭成员在海南无住房且2018年5月13日后无购房记录的，可在海南购买1套住房。 3. 工作补助。“银发精英”人才的工作补助按有关规定和双方约定执行。 4. 医疗待遇。在琼服务期间，按照《海南省人才就医绿色通道服务实施方案（试行）》（琼卫医〔2018〕25号）享受规定的相关待遇。 5. 保险待遇。在琼服务期内，用人单位应为聘用的“银发精英”人员购买人身意外保险，购买保险的费用不少于每人每年3000元；有条件的用人单位可参照《海南省人才医疗保障实施办法》（琼办发〔2019〕104号）对应保费标准为“银发精英”人才购买商业健康保险，上述保险所需资金由用人单位自行承担。 6. 交通待遇。在琼服务期内，用人单位应为聘用的“银发精英”人员提供每年两次往返原居住地到服务地的交通补贴。
5	其他	服务期限。原则上协议聘期为五年以上，且每年在琼服务时间累计不少于6个月。

扫描二维码获取教师个人所得税优惠政策详细内容

四、成功案例

2018年4月13日以来，国际教育创新岛建设态势积极向好，截至2022年4月，海南累计签约各级各类教育合作项目130多个，总投资400多亿元，累计签约引进45所国内外知名高校和83所知名中小学校，累计引进各类教育人才2.5万人，1700多名高层次人才踊跃参与国际教育创新岛建设。

（一）独立办学

海南至2023年已批准筹建三所境外高校独立办学项目，分别为德国比勒费尔德应用科学大学、瑞士洛桑酒店管理学院、莫斯科动力学院。

1. 德国比勒费尔德应用科学大学

德国比勒费尔德应用科学大学成立于1971年，为德国工业4.0智能制造精英企业集群（It's OWL）牵头高校之一，是德国“实践嵌入式”办学模式的最早提出者和引领者之一。海南比勒费尔德应用科学大学是中国境内第一个境外高校独立办学项目，也是德国公办高校首个在国外独立办学项目。大学拟于2023年秋季学期在陵水黎安国际教育创新试验区招生办学，海南省教育厅已制定办学方案。该校引入德国“实践嵌入式”高等教育模式，开办大学学士学位和硕士学位教育，规划用地面积约1000亩，总建筑面积约37万平方米，规划办学规模为12000人，为一所独立办学的非营利高校。大学主要培养工程类与经济类人才，将陆续开设港航智能物流、机电自动化、电气工程、机械工程、可再生能源、汽车技术和自动驾驶、经济工程、国际化企业管理、工业质量管理、产品设计等服务先进制造业和高新技术产业的专业。该项目将促进海南自由贸易港建设和德国在华企业发展，有助于培养高素质、国际化人才，优化德国优质企业资源。

2. 瑞士洛桑酒店管理学院

瑞士洛桑酒店管理学院创建于1893年，是世界上第一所酒店管理学校，在世界范围内享有很高的专业声誉。其将在海南自由贸易港独立办学，开办一所具有独立法人资格的国际化本科大学，引进瑞士洛桑酒店管理学院教育体系和学士学位课程，开展本科层次学历教育及行业培训等，计划办学规模4000人。海南具有成为酒店管理教育中心的独特优势，引进瑞士洛桑酒店管理学院正契合海南旅游业的发展，随着海南旅游业的发展，需要提供相应的酒店管理等服务支持。瑞士洛桑酒店管理学院希望在酒店管理教育领域继续加强与中国的合作，促进中国的酒店管理教育迈向更高层次。2020年，瑞士洛桑酒店管理学院与海南省签订战略合作协议，助力海南教育发展和人才培养。瑞士的酒店管理教育非常注重实践，其独特的双轨职业教育体系要求学生一方面要在学校里进行学习，另一方面要在企业里获得基本的职业培训。洛桑酒店管理学院的本科学生在大一和大二时，分别会有半年的带薪实习时间，海南有非常合适的教学条件，能够为学生提供实践教学。

3. 莫斯科动力学院

莫斯科动力学院成立于1930年，是俄罗斯最重要的动力、电力、无线电、电子、信息学和管理学大学之一。近年来，为强化新时代中俄全面战略协作伙伴关系，促进两国在高等教育领域的交流与合作，海南莫斯科动力大学应运而生，成为莫斯科动力学院在中国的首次创新性教育实践。莫斯科动力学院已于2023年2月15日获教育部批筹。

（二）合作办学

陵水黎安国际教育创新试验区截至2022年末园区已完成投资30亿元。试验区已获批6所（个）中外合作办学机构（项目）。其中，中国传媒大学考文垂学院、电子科技大学格拉斯哥海南学院、北京邮电大学玛丽女王海南学院办学总规模均为1200人，北京体育大学阿尔伯塔国际休闲体育与旅游学院办学规模为900人，中国传媒大学与英国阿伯泰大学数字媒体技术专业办学规模为480人，中央民族大学与澳门城市大学数据科学与大数据技术专业办学规模为480人，6所（个）中外合作办学机构（项目）获批办学总规模合计5460人。陵水黎安国际教育创新试验区2022年秋季学期园区已实现正式开园办学，2023年春季开学后，在园中外合作办学学生人数约375人，各入驻高校教师和管理人员约70人，各项保障措施已经实施。

第九章　海南自由贸易港外籍医师执业政策助力医疗健康产业发展

一、政策背景

为了大力吸引医疗健康相关的外国人才来海南执业，切实维护外国人及其聘用单位的合法权益，不断加强对外籍医师来海南自由贸易港执业的管理，助力海南医疗健康产业发展，2019年12月31日，海南省人民政府办公厅印发了《外国人来海南工作许可管理服务暂行办法》（琼府办〔2019〕37号），明确了外国人来琼工作的相关规定。2021年4月25日，海南省卫生健康委员会印发了《海南自由贸易港外籍医师技能认定实施细则（试行）》（简称《外籍医师技能认定细则》），对外籍医师在海南执业的申报及管理进行特殊规定。

二、政策优势

相较于全国适用的外籍医师来华执业的规定，即《外国医师来华短期行医暂行管理办法》，海南外籍医师执业相关规定不仅对申报审批流程进行了优化，还延长了外籍医师执业的有效期，即按照《外国医师来华短期行医暂行管理办法》的规定，外籍医师来华执业注册的有效期不超过一年，而按照海南外籍医师执业规定，来海南执业的外籍医师技能认定的有效期为三年。也就是说，海南的医疗机构拟聘用外籍执业医师，或外籍执业医师拟选择海南进行执业，符合条件的，可根据实际情况，选择按照海南外籍医师执业相关规定办理，办理有效期为三年的执业许可后在海南执业，也可选择按照《外国医师来华短期行医暂行管理办法》，办理注册期不超过一年的来华短期行医许可后在海南执业。

三、政策解读

海南自由贸易港区域内的医疗机构拟聘请或邀请外籍医师来海南执业，在符合规定条件的情况下，可根据拟聘请或邀请的外籍医师所属的外籍工作人员的类型，办理来琼执业相关手续。

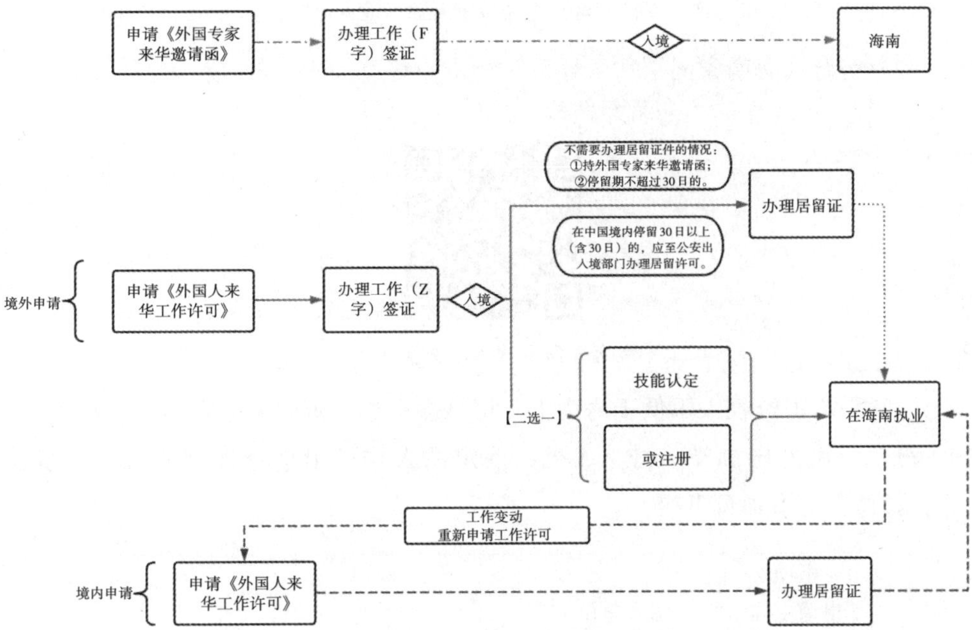

（一）外籍工作人员类型

海南对来琼工作的外籍人员实行分类服务和管理，分为外国高端人才（A类）、外国专业人才（B类）和其他外国人员（C类）三类。拟来琼执业的外籍医师符合上述规定的，可相应适用相关规定，并享受相关便利。

1. 外国高端人才（A类）

外国高端人才（A类）指海南经济社会发展所急需的科学家、科技领军人才、国际企业家、专门特殊人才等“高精尖缺”外国人。针对该类外国人才实行“绿色通道”和“容缺受理”的服务，且不受年龄限制。主要包括：

（1）符合《外国人来华工作分类标准（试行）》中外国高端人才（A类）标准的。

外国人来华工作分类标准（试行）

（2）符合《海南省高层次人才分类标准》等有关规定的。

海南省高层次人才分类标准

（3）平均工资收入不低于海南上年度社会平均工资收入4倍的外国人才。

符合海南外国高端人才（A类）规定的人才可申请《外国高端人才确认函》，具体申请事项见下表：

事项	说明
申请主体	用人单位
申请方式	线上申请，“外国人来华工作管理服务系统”
申请流程	①申请，在线提交申请信息，提供相关电子材料。 ②受理，在线生成受理通知。 ③决定，受理后7个工作日作出准予行政许可决定，在线生成《外国高端人才确认函》，不需要核验纸质材料。
办事指南	《外国高端人才确认函》申请指南
备注	具体内容详见附件二《海南省外国人来华工作许可服务指南（A类）》。

2. 外国专业人才（B类）

指属于海南经济社会事业发展所急需，具有学士学位或具有专业资格证书的外国人才。外国专业人才（B类）年龄不受限制。主要包括：

（1）符合《外国人来华工作分类标准（试行）》中外国专业人才（B类）标准的。

外国人来华工作分类标准（试行）

（2）在国内或国（境）外知名高等院校毕业，获得学士（含）以上学位，在海南工作或创新创业的外国应届毕业生。

（3）外国语言教学人员，从事其母语国母语教学，并取得大学学士及以上学位且具有1年以上语言教育工作经历。其中，取得教育类、语言类或师范类学士及以上学位的，或取得所在国教师资格证书或取得符合要求的国际语言教学证书的，可免除工作经历要求。

（4）平均工资不低于本地区上年度社会平均收入3倍的外国人才。

3. 其他外国人员（C类）

指根据国家政策规定，结合海南自由贸易港建设所需，满足劳动力市场需求的各类技能实用型人员。年龄不超过65周岁。

（二）外籍医师来琼执业条件

外籍医师来琼执业应同时满足以下前提条件：

1. 外籍医师主体资格条件

（1）该外籍医师为符合《海南自由贸易港认可境外职业资格目录清单（2020）》要求，并已取得外国合法行医资格的人员；

（2）应年满18周岁且不超过65周岁，身体健康，无犯罪记录，境内有确定的用人单位，具有从事其工作所必需的专业技能或相适应的知识水平；

（3）所从事的工作符合我国经济社会发展需要，为国内急需紧缺的专业人员；

（4）法律法规对外国人来华工作另有规定的，从其规定。

2. 医疗机构主体资格条件

（1）该医疗机构为海南自由贸易港区域内的医疗机构，即获得海南自贸港卫生健康部门审批颁发的医疗机构执业许可证的医疗机构；

（2）依法设立，无严重违法失信记录；

（3）聘用外国人从事的岗位应是有特殊需要，国内暂缺适当人选，且不违反国家有关规定的岗位；

（4）支付所聘用外国人的工资、薪金不得低于当地最低工资标准；

（5）法律法规规定应由行业主管部门前置审批的，须经过批准。

3. 业务范围

外籍医师来海南执业可从事的业务范围为公共卫生、临床诊治业务活动。

（三）外国专家来华邀请函

中国境内的企业可为拟邀请的外国高端人才（A类）申请《外国专家来华邀请函》，该外国专家可持函件申请签证入境。

事项	说明
申请主体	用人单位、邀请单位
主体要求	属于外国高端人才（A类）
申请方式	线上申请，“外国人来华工作管理服务系统”
办理流程	①网上申请。用人单位在线提交申请信息，提供相关电子材料。 ②网上受理。材料不齐全、内容不规范的，受理机构将在线告知需补正材料，补正后予以受理；材料齐全、符合要求的，应当予以受理，并在线生成受理通知。 ③决定。受理后的7个工作日内，对符合条件、标准的，准予签发《外国专家来华邀请函》；不符合条件、标准的，说明理由。
签发机构	海南省外国专家局及依法授权的市级政府外国人工作管理部门。
备注	①用人单位须至签发机构取纸质《外国专家来华邀请函》，届时不再核验纸质材料。 ②持外国专家来华邀请函申请F字签证，入境后无须办理工作类居留证件。 ③应按准予批准的工作期限工作，不得延期。

续表

办事指南	《外国专家来华邀请函》申请指南

海南的医疗机构在正式聘用外籍医师前，因业务需要拟邀请该外籍医师来琼进行短期业务交流，而该外籍医师又属于外国高端人才（A类）的，可按照以上流程申请《外国专家来华邀请函》后办理签证入境。对于不属于外国高端人才（A类）的外籍医师，可由邀请单位按照规定，申请90日以内（含90日）的外国人来华工作许可后办理签证入境。

（四）外国人来华工作许可

海南的医疗机构拟引进外籍医师来琼执业，须由用人单位或其委托的中介机构按规定为该外籍医师申请外国人来华工作许可，并负责在该外籍医师入境后办理相应的许可延期、变更、注销手续。

外国人来华工作许可分为90日以内（含90日）和90日以上两种。申请90日以内（含90日）工作许可的，在审查通过获取《外国人工作许可通知》即可；申请90日以上工作许可的，还需在获得《外国人工作许可通知》并入境后，申领外国人工作许可证。

办理流程如下图所示：

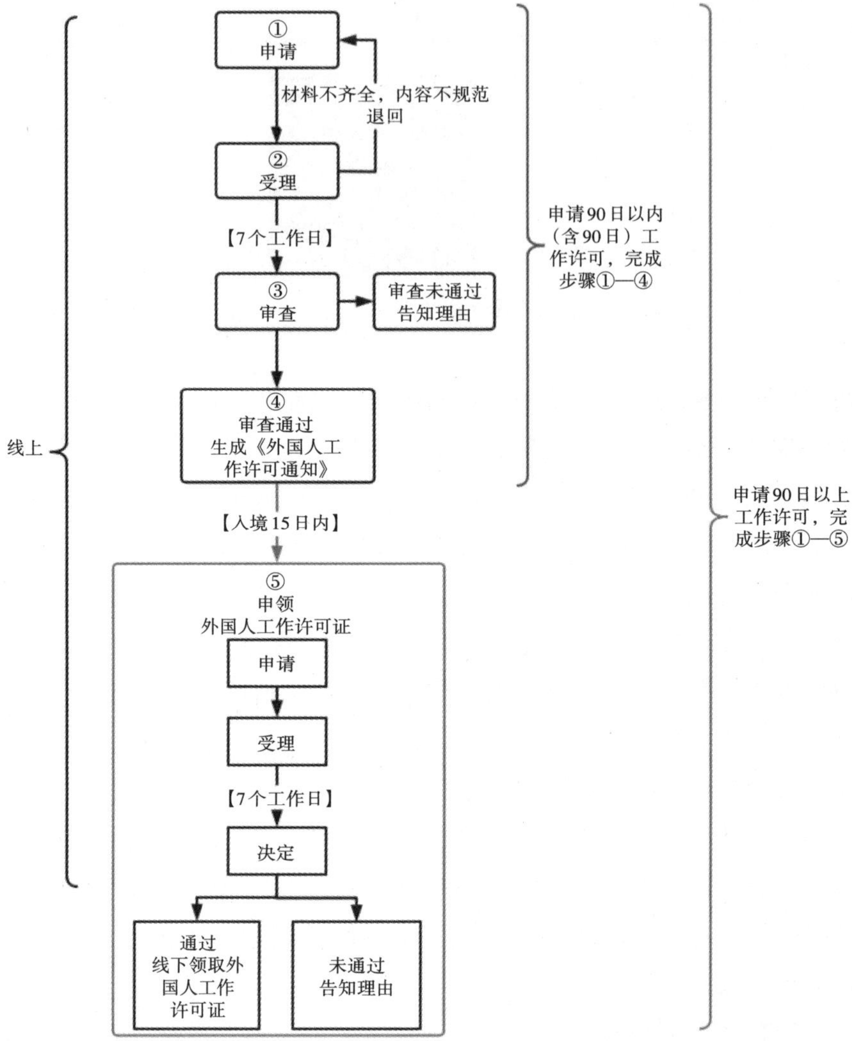

1. 申请90日以内（含90日）工作许可

符合条件的用人单位或其委托的中介机构通过线上方式提交申请并上传电子材料。受理机构通过线上进行材料齐备性审查后进行受理。审查机构通过线上审查的方式对申请人提交的材料进行审查，并在线生成《外国人工作许可通知》，申请90日以内（含90日）工作许可的外籍医师，获得《外国人工作许可通知》即可申请办理居留证。

事项	说明
申请主体	用人单位或其委托的中介机构
申请及受理方式	线上申请，“外国人来华工作管理服务系统”
受理及审查机关	海南省外国专家局
受理时限	材料提交之日起5个工作日
受理结果	材料齐全、内容规范的予以受理； 材料不齐全、内容不规范的，受理机关将一次性在线告知需补正材料，补正后予以受理。
审查时限	在受理之日起7个工作日内。
审查结果	通过，在线生成《外国人工作许可通知》； 未通过，告知理由。
材料清单 （注册+申请材料）	工作许可申请材料说明

2. 申请90日以上工作许可

申请90日以上的工作许可分为“境外申请”和“境内申请”两种申请方式。“境外申请”是指用人单位在拟聘用的外籍医师入境前，首次为其申请外国人来华工作许可；“境内申请”是指外籍医师入境后，因工作变动或其他情况需要，重新申请90日以上工作许可。

（1）境外申请

需要申请90日以上工作许可的外籍医师，在获得《外国人工作许可通知》并入境后，须申领外国人工作许可证。

事项	说明
申请方式	线上申请，“外国人来华工作管理服务系统”。
申请主体	用人单位
前提条件	获得《外国人工作许可通知》，入境15日内。
决定机构	海南省外国专家局及依法授权的市级政府外国人工作管理部门。
决定时限	在申领受理之日起7个工作日内，特殊情况可延长10个工作日。
决定方式	书面行政许可决定
决定结果	准予许可决定：领取准予许可书面决定及外国人工作许可证。 不予许可决定：说明理由，领取不准予许可书面决定。
结果送达	决定机构作出许可决定后，通过“外国人来华工作服务管理系统”，以公告方式通知申请人（用人单位）。
备注	申领外国人工作许可证，需核验护照、聘用合同或任职证明原件、工作资历证明、无犯罪记录证明、体检证明、最高学位证书证明等原件。

（2）境内申请

事项	说明
发生事由	符合下列情形的，可在境内直接申请外国人工作许可证： ①在华工作的外国人变换用人单位，但工作岗位（职业）未变动，且工作类居留许可在有效期内的； ②符合自由贸易区、全面创新改革试验区相关优惠政策的； ③企业集团内部人员流动的； ④执行政府间协议或协定的； ⑤已持工作签证依法入境的驻华机构代表人员、已获得来华工作90日以下的外国人来华工作许可，在其停留有效期内，被境内用人单位依法聘用的； ⑥其他审批机构认定符合条件的。
申请主体	用人单位
决定机构	海南省外国专家局及依法授权的市级政府外国人工作管理部门。
决定时限	在申请受理之日起7个工作日内。
决定方式	书面行政许可决定
决定结果	准予许可决定：领取准予许可书面决定及外国人工作许可证。 不予许可决定：说明理由，领取不准予许可书面决定。

续表

事项	说明
申请流程	①申请。用人单位在线提交申请信息，提供相关电子材料。 ②受理。申请材料齐全、符合要求的，予以受理；申请材料不齐全、内容不规范的，受理机构将在线告知需补正材料，补正后予以受理。 ③决定。符合条件、标准的，决定机构作出准予行政许可决定；不符合条件、标准的，说明理由。
申请指南	“境内申请”外国人来华工作许可服务指南

3. 许可变更

来琼执业外籍医师的个人信息（姓名、护照号、职务、类别）等事项发生变更的，应申请工作许可的变更。

事项	说明
申请时限	自变更事项发生之日起10个工作日内
申请主体	用人单位
决定机构	海南省外国专家局
申请条件	自变更事由发生之日起10个工作日内向许可决定机构提出申请。
申请方式	线上申请，“外国人来华工作管理服务系统”
申请流程	①申请，在线提交申请信息，提供相关电子材料。 ②受理，材料不齐全、内容不规范的，受理机构将在线告知需补正材料，补正后予以受理。 ③决定，受理后7个工作日作出准予行政许可决定。
办事指南	申请工作许可变更
备注	用人单位发生变更的，应注销现有工作许可证，重新申请办理外国人来华工作许可。

4. 许可延期

用人单位拟在原岗位（职业）上继续聘用该外籍医师的，可以办理工作许可的延期。

事项	说明
申请时限	工作许可有效期届满前30日
申请主体	用人单位
决定机构	海南省外国专家局
申请方式	线上申请，“外国人来华工作管理服务系统”
申请流程	①申请，在线提交申请信息，提供相关电子材料。 ②受理，材料不齐全、内容不规范的，受理机构将在线告知须补正材料，补正后予以受理。 ③决定，受理后7个工作日作出准予行政许可决定，须现场提交纸质材料，更新外国人工作许可证。
办事指南	申请工作许可延期
备注	①同一单位改任新职务的，包括从专业岗位提升至行政管理岗位，延期时应提交岗位变更证明。 ②变更用人单位的，应重新申请办理外国人来华工作许可。

5. 许可注销

用人单位为聘用的外籍医师申请完工作许可后，发生了注销相关事由的，可申请外国人来华工作许可的注销。

外国人工作许可证注销

事项	说明
注销事由	①该外籍医师死亡或者丧失行为能力或者提前终止合同、解除聘用关系的； ②用人单位被终止的。
申请主体	用人单位
决定机构	海南省外国专家局
申请方式	线上申请，“外国人来华工作管理服务系统”
申请流程	①申请。在线提交申请信息，提供相关电子材料。 ②受理。材料不齐全、内容不规范的，受理机构将在线告知须补正材料，补正后予以受理。 ③决定。受理后7个工作日作出决定并出具外国人来华工作许可注销证明，用人单位须现场提交纸质材料，交还外国人工作许可证，领取外国人来华工作许可注销证明。
办事指南	申请工作许可注销
备注	如境内变换用人单位，需在注销原工作许可后30日内提交新的工作许可申请。

《外国人工作许可通知》注销

事项	说明
申请事由	申请人已获得《外国人工作许可通知》，因特殊情况不能来华的。
申请主体	用人单位
申请方式	线上申请，“外国人来华工作管理服务系统”
申请流程	①申请。在线下载《外国人来华工作许可通知注销申请》，填写信息，外国人和单位双方签章后上传至系统。 ②受理。材料不齐全、内容不规范的，受理机构将在线告知须补正材料，补正后予以受理。 ③决定。受理后7个工作日作出决定。符合条件、标准的，决定机构准予通过；不符合条件、标准的，说明理由。
办事指南	申请《工作许可通知》注销
备注	①发生注销事由未将《外国人工作许可通知》进行注销的，将会影响今后来华工作申请。 ②办理90日以上工作许可，申领外国人工作许可证的无须申请注销外国人工作许可通知。

（五）工作签证与居留证

1. 工作签证

获得前项材料的《外国人工作许可通知》后，持该通知和相关材料到我国驻外使馆、领馆申请相应的签证。外籍医师来琼执业申请的主要是Z、F、R字三种签证。

事项	说明
申请主体	外籍医师
申请方式	线下申请，由该外籍医师在当地的中国驻外使馆、领馆线下申请，并按照要求申请。
审批机关	中国驻外使馆、领馆
签证适用情形	Z字签证即工作签证，适用于在中国境内工作的人员，持《外国人工作许可通知》的外籍工作人员可申请办理。 F字签证即访问签证，适用于入境从事交流、访问、考察等活动的人员，持《外国专家来华邀请函》的外籍工作人员可申请办理。 R字签证即人才签证，适用于中国需要的外国高层次人才和急需紧缺专门人才，持《外国高端人才确认函》的外籍工作人员可申请办理。
停留期限	签证停留期限最长不超过180天，具体以签证信息为准。
材料清单	签证的申请材料

2. 居留证

外籍工作人员持签证入境后，应当自入境之日起30日内，向拟居留地县级以上地方人民政府公安机关出入境管理机构申请办理外国人居留证件。

中华人民共和国外国人居留许可申请

事项	说明
申请主体	外籍医师
申请方式	线下申请
申请时限	入境后30日内
受理机关	拟居留地县级以上地方人民政府公安机关出入境管理机构。
办理时限	外国人申请居留证件或者申请居留证件的延期、换发、补发符合受理规定的，公安机关出入境管理机构应当出具有效期不超过15日的受理回执，并在受理回执有效期内作出是否签发的决定。
居留签发有效期	外国人工作类居留证件的有效期最短为90日，最长为5年。 ①对外国高层次人才、急需紧缺专门人才，可以签发居留期不超过5年的居留证件。 ②对在信誉良好的备案单位工作的人员，可以签发居留期不超过2年的居留证件。 ③对其他人员，可以签发居留期不超过1年的居留证件。 ④满足一定条件最多可以签发5年，对在博鳌乐城国际医疗旅游先行区工作的外籍医疗医护人员可发放与工作合同期限一致的工作类居留许可。
无须办理的情形	①持外国专家来华邀请函，且办理了F字签证的。 ②持Z字签证，但停留期不超过30日的。

（六）技能认定

外籍医师在海南执业实行“技能认定制”。外籍医师在完成上述外国人来华工作签证申请后，应当向海南省卫生健康委员会申请技能认定资格，经认定后才可在海南开展医师执业工作。来琼执业的外籍医师可依据《海南自由贸易港外籍医师技能认定实施细则（试行）》申请有效期为3年的外国医师短期行医许可证及海南自由贸易港境外人员技能认定合格证，也可以继续依据《外国医师来华短期行医暂行管理办法》办理不超过1年的外国医师来华短期行医注册，获得期限不超过一年的外国医师短期行医许可证。

1. 申请认定

事项	说明
申请主体	用人单位
认定机构	海南省卫生健康委员会
申请方式	线下申请，海南自由贸易港人才服务单一窗口
申请流程	①初审申报，线下提交申请材料。 ②受理，材料不齐全的，受理机构将在线告知需补正材料，不受理的说明理由。2个工作日内移交省卫健委行政审批办公室。 ③技能认定决定，受理后20个工作日内作出决定，通过认定确定专业服务范围，不通过的书面说明理由并退回申请材料。 ④颁发证件，外国医师短期行医许可证、海南自由贸易港境外人员技能认定合格证。
申请材料	技能认定申请材料

2. 执业规则

（1）该外籍医师如使用外文书写医疗文书的，其所在医疗机构应当将外文医疗文书翻译成符合规范的中文医疗文书，将外文医疗文书及中文医疗文书作为病历资料一并保存归档。

（2）外籍医师来海南自由贸易港执业，应当遵守中国医疗卫生管理法律、法规、部门规章及诊疗、护理规范等规章制度，尊重中国的风俗习惯及宗教信仰，确保服务质量，维护公共利益。发生医疗纠纷的，应当按照我国法律法规进行处理。

3. 信用档案

邀请或聘用外籍医师的医疗机构应建立外籍医师专业服务信用档案。信用档案包括外籍持证人员的基本情况、业绩、良好行为及不良行为等内容。违规行为、被投诉举报和行政处罚等情况应作为外籍持证人员的不良行为记入其专业服务信用档案。

邀请或聘用外籍医师的医疗机构应于每年年底向海南省卫生健康委员会报送本单位聘用的外籍医师专业服务信用情况。

4. 注销认定

外籍医师来海南自由贸易港执业认定后有下列情形之一的，其所在医疗机构应当在10个工作日内报告认定主管部门，或认定主管部门发现的，认定主管部门应当注销认定，收回海南自由贸易港境外人员技能认定合格证：

（1）医疗机构和外籍医师解除聘用关系或邀请事项完全终止的（变更用人单位的注销原证后重新申请认定）；

（2）身体健康状况不适宜继续执业的；

（3）其工作签证到期的；

（4）死亡或者宣告失踪的；

（5）未按执业领域及临床诊治权限执业的；

（6）出借、出租、抵押、转让、涂改海南自由贸易港境外人员技能认定合格证的；

（7）受刑事处罚的；

（8）被公安机关取消在华居留资格的；

（9）其他国家卫生健康行政部门规定的不宜从事医疗、预防、保健等业务的；

（10）外国行医执照或行医权被取消的。

因第（5）项至第（9）项原因注销认定的，不得再次申请来海南自由贸易港执业。

附件：海南省外国人来华工作许可服务指南

（一）《海南省外国人来华工作许可服务指南（A类）》

海南省外国人来华工作许可服务指南A类

（二）《海南省外国人来华工作许可服务指南（B类）》

海南省外国人来华工作许可服务指南B类

（三）《海南省外国人来华工作许可服务指南（C类）》

海南省外国人来华工作许可服务指南C类

第十章　海南律师制度创新政策助力自由贸易港法律服务业发展

一、政策背景

2019年9月，为发挥律师在海南自由贸易试验区和中国特色自由贸易港建设中的作用，海南省人民代表大会常务委员会第十四次会议通过《海南经济特区律师条例》，在执业范围、组织形式、准入门槛等方面进行了10项制度创新，其中6项为全国首创。

2019年10月24日，为落实《条例》的规定，海南省司法厅颁布《海南省中外律师事务所联营实施办法》《海南省中外律师事务所互派律师担任法律顾问实施办法》等四个配套办法，对《条例》中的联营和互派等境内外律所合作方式予以细化落实。

2020年12月，海南省司法厅发布《外国和香港、澳门特别行政区律师事务所驻海南代表机构从事部分涉海南商事非诉讼法律事务的正面清单（2021年版）》，以贯彻落实中国首次开放的部分涉海南商事非诉讼法律事务。

二、政策解读

（一）政策亮点

1. 鼓励设立公司制律师事务所

根据《海南经济特区律师条例》第十五条“鼓励具备条件的律师事务所实行公司化管理，按照国家和本省有关规定设立公司制律师事务所”的规定，严格意义上的公司制律所有望于海南落地。相较于《律师事务所管理办法》第七条关于“律师事务所可以由律师合伙设立、律师个人设立或者由国家出资设立”的规定，《海南经济特区律师条例》为海南公司制律所设立提供了法律依据。

2. 允许非律师担任律所合伙人

允许注册会计师、注册税务师、注册造价工程师、专利代理人等其他专业人员成为特殊的普通合伙律师事务所的合伙人，但其出资份额和人数比例不得超过25%，不得担任律师事务所负责人。一方面为本所律师提供专业咨询，辅助律师提供更专业的法律服务；另一方面也可以为客户提供会计、税务、造价、专利等与商事活动相关的专业服务，为国内外客户提供一站式专业服务，更好地满足客户对服务便利化的需要。①

3. 降低律所设立门槛

《条例》在普通合伙设立出资额、特殊普通合伙设立出资额及设立人数三个方面对司法部规定的合伙律师事务所设立条件进行了变通。通过减少律师事务所设立所需资金以及设立人数，使得设立律师事务所更容易了，对将来想来海南设立律师事务所的律师就更具吸引力，特别是对于那些缺少资金的优秀年轻律师来海南创业设立律师事务所来说，恰逢其时。②

放宽律所准入条件

	普通合伙	**特殊普通合伙**
设立出资额	30万降到10万	1000万降到100万
设立人数	—	20名以上降到10名以上

4. 拓宽海南律师执业范围

对比《海南经济特区律师条例》和《中华人民共和国律师法》，海南执业律师的业务范围得到进一步拓展，除了诉讼和仲裁代理业务外，律师还可以依法接受委托办理招商引资、商标、专利、商事登记、不动产登记等各类非诉讼法律事务。

①《〈海南经济特区律师条例〉新闻发布会答记者问》。

②《〈海南经济特区律师条例〉新闻发布会答记者问》。

拓宽海南律师执业范围

海南层面	国家层面
《海南经济特区律师条例》第三十四条："除诉讼和仲裁代理业务外，律师还可以依法接受委托办理招商引资、商标、专利、商事登记、不动产登记等各类非诉讼法律事务。律师接受委托办理的法律事务，不受地域、行业的限制。但法律、法规另有规定的除外。"	《中华人民共和国律师法》第二十八条 律师可以从事下列业务： （一）接受自然人、法人或者其他组织的委托，担任法律顾问； （二）接受民事案件、行政案件当事人的委托，担任代理人，参加诉讼； （三）接受刑事案件犯罪嫌疑人、被告人的委托或者依法接受法律援助机构的指派，担任辩护人，接受自诉案件自诉人、公诉案件被害人或者其近亲属的委托，担任代理人，参加诉讼； （四）接受委托，代理各类诉讼案件的申诉； （五）接受委托，参加调解、仲裁活动； （六）接受委托，提供非诉讼法律服务； （七）解答有关法律的询问、代写诉讼文书和有关法律事务的其他文书。

5. 首次开放涉中国法律事务

对比《外商投资准入特别管理措施（负面清单）（2021年版）》《自由贸易试验区外商投资准入特别管理措施（负面清单）（2021年版）》《海南自由贸易港外商投资准入特别管理措施（负面清单）（2020年版）》，目前全国范围内仅海南允许境外律师事务所代表机构提供部分涉海南商事非诉讼法律事务，打破了现行法律法规完全禁止外国律师从事我国法律事务的限制。对外国律师放开的部分涉海南商事非诉讼业务具体见海南省司法厅于2020年12月出台的《外国和香港、澳门特别行政区律师事务所驻海南代表机构从事部分涉海南商事非诉讼法律事务的正面清单（2021年版）》，具体见以下二维码。

<table>
<tr><th colspan="3">首次允许境外律所代表处提供涉中国法律事务</th></tr>
<tr><th>海南层面</th><th>自贸区层面</th><th>国家层面</th></tr>
<tr><td>《海南自由贸易港外商投资准入特别管理措施（负面清单）（2020年版）》第十三项规定，禁止投资中国法律事务（提供有关中国法律环境影响的信息、部分涉海南商事非诉讼法律事务除外），不得成为国内律师事务所合伙人。《海南经济特区律师条例》第二十条规定，外国和香港特别行政区、澳门特别行政区的律师事务所驻海南代表机构可以按照有关规定从事部分涉本省的商事非诉讼法律事务。</td><td>《自由贸易试验区外商投资准入特别管理措施（负面清单）（2021年版）》第十三项规定，禁止投资中国法律事务（提供有关中国法律环境影响的信息除外），不得成为国内律师事务所合伙人。（外国律师事务所只能以代表机构的方式进入中国，且不得聘用中国执业律师，聘用的辅助人员不得为当事人提供法律服务；如在华设立代表机构、派驻代表，须经中国司法行政部门许可。）</td><td>《外商投资准入特别管理措施（负面清单）（2021年版）》第十六项规定，禁止投资中国法律事务（提供有关中国法律环境影响的信息除外），不得成为国内律师事务所合伙人。《外国律师事务所驻华代表机构管理条例》第十五条规定了代表机构及其代表只能从事不包括中国法律事务的活动类别。</td></tr>
</table>

6. 可选缴纳税款方式

根据《海南经济特区律师条例》第三十三条的规定，本经济特区内的律师和律师事务所可以依法选择缴纳税款的方式，并按照有关规定享受税收优惠。

7. 多样化境内外律所合作方式

根据我国现行法律规定，目前在我国可开展的境内外律所合作方式为设立代表处、协议联营、合伙联营、互派律师担任法律顾问、聘请外港澳籍律师担任境外法律顾问五种。对于设立代表处，在全国范围内均允许外国律师事务所以代表处的形式在中国从事不含中国法律业务的法律服务。[①]而对于剩下的四种

①See Annex 9 People's Republic of China Schedule Of Specific Commitments On Services List of Article II Exemptions of Accession of The People's Republic of China.

（1） WT/L/432：https：//docs. wto. org/dol2fe/Pages/SS/directdoc. aspx？ filename=q：/WT/L/432.pdf&Open=True.

（2） WT/ACC/CHN/49/Add.2：https：//docs.wto.org/dol2fe/Pages/SS/directdoc.aspx？ filename=q：/WT/ACC/CHN49A2.pdf&Open=True.

（3） WT/MIN （01） /3/Add.2：https：//docs.wto.org/dol2fe/Pages/SS/directdoc.aspx？ filename=Q：/WT/Min01/3A2.pdf&Open=True.

②注意：境内有些自由贸易试验区对开展中外律所合作有鼓励倾向，但尚未取得司法部批准或尚未出台具体细则等文件进行落实，因此在此处将此类地区归类为尚无法开展中外律所合作。

境内外律所合作方式，仅在包括海南在内的少数几个地方可以适用，且海南在境内外律所合作方式方面还存在以下优势。

第一，就聘请外籍律师担任外国法律顾问方式来说，海南在执业律师人数要求和外籍律师执业年限要求方面属于全国最低标准。

第二，就中外律师事务所联营方式来说，相比上海自由贸易试验区，海南还允许参与联营业务的外国律师事务所驻华代表机构从事部分涉海南省的商事非诉讼法律事务。

境内外律所合作方式

方式 地区		协议联营		合伙联营		互派律师担任法律顾问		聘请外港澳籍律师担任境外法律顾问		代表处	
海南	港澳	√	港澳	√	港澳	√	港澳	√	港澳	√
	外国	√	外国	×	外国	√	外国	√	外国	√
上海	港澳	√	港澳	√	港澳	√	港澳	√	港澳	√
	外国	√	外国	×	外国	√	外国	√	外国	√
北京	港澳	√	港澳	√	港澳	√	港澳	√	港澳	√
	外国	×	外国	×	外国	×	外国	√	外国	√
广东	港澳	√	港澳	√	港澳	√	港澳	√	港澳	√
	外国	×	外国	×	外国	×	外国	√	外国	√
境内其他地方[2]	港澳	√	港澳	√	港澳	√	港澳	√	港澳	√
	外国	×	外国	×	外国	×	外国	×	外国	√

（二）政策实施

1. 中外律师事务所联营

中外律师事务所联营，指中国律师事务所与外国律师事务所按照协议约定的权利和义务，在海南实行联营，以分工协作方式，向中外客户分别提供涉及中国和外国法律适用的法律服务，或者合作办理跨境和国际法律事务。联营期间，双方的法律地位、名称和财务各自保持独立，各自独立承担民事责任。[1]目前全国范围内仅上海自由贸易试验区和海南可开展中外律师事务所联营，但相

①《海南省中外律师事务所联营实施办法》第一条。

比上海，海南还允许参与联营业务的外国律师事务所驻华代表机构从事部分涉海南省的商事非诉讼法律事务。

（1）适用条件

<table>
<tr><th colspan="2">中外律师事务所联营适用条件</th></tr>
<tr><td>联营形式</td><td>协议约定联营
1. 形式要求：以书面形式订立联营协议。
2. 联营协议应当包括以下内容：（1）联营双方各自的名称、住所地、负责人或管理合伙人姓名；（2）联营名称、标识；（3）联营期限；（4）联营业务范围；（5）双方参与联营业务的律师及各自负责人的安排；（6）共用办公场所和设备的安排；（7）共用行政、文秘等辅助人员的安排；（8）联营收费的分享及运营费用的分摊安排；（9）联营双方律师的执业保险及责任承担方式的安排；（10）联营的终止及清算；（11）违约责任；（12）争议解决；（13）其他事项。</td></tr>
<tr><td>联营期限</td><td>协议约定的联营期限，一般不得少于3年。</td></tr>
<tr><td rowspan="2">申请联营主体</td><td>中国律师事务所申请联营应当具备以下条件：
1. 成立满3年；
2. 采用合伙形式；
3. 专职执业律师≥20人；
4. 具有较强的法律服务能力，内部管理规范；
5. 近3年内未受过行政处罚和行业处分；
6. 本所设在海南，或者本所设在其他省（自治区、直辖市），且已在海南设立分所。</td></tr>
<tr><td>外国律师事务所申请联营应当具备以下条件：
1. 代表机构设立年限要求：
已在海南设立代表机构满3年；或在中国境内其他城市设立代表机构满3年且已在海南设立代表机构；
2. 已设立的代表机构近3年内未受过中国监管部门的行政处罚。</td></tr>
</table>

续表

中外律师事务所联营适用条件	
申请联营主体	注意： 1. 以下两类主体不得作为联营一方的主体申请联营： （1）中国律师事务所分所； （2）外国律师事务所驻华代表机构。 2. 一家中国或者外国律师事务所只能与一家外国或者中国律师事务所建立联营合作关系。联营应当经过海南省司法厅核准。[①] 3. 参与联营的中外律师事务所，不得与第三方律师事务所及其分所或代表机构建立互派律师担任法律顾问合作关系。[②]
联营名称	1. 中国律师事务所名称+外国律师事务所名称（可用中外译名）+（设立所在地名称）联营办公室。 2. 联营名称应当经海南省司法厅核准。
业务范围	共同以联营的名义，接受当事人的委托或者其他律师事务所的委托，在各自获准从事律师执业业务范围内，以分工协作方式，办理中国以及外国法律事务，或者合作办理跨境和国际法律事务。
办公要求	1. 应当共用办公场所、办公设备，实行合署办公，可以共用行政、文秘等辅助人员。 2. 共用的办公场所应在海南省内的中国律师事务所（或者分所）或者在海南省内设立的外国律师事务所驻海南代表机构中选择。 3. 共用办公场所、办公设备及辅助人员的费用分担由联营协议约定。
责任承担	1. 地位独立：联营期间，双方的法律地位、名称和财务各自保持独立，各自独立承担民事责任。 2. 联营业务责任承担：联营双方在开展联营业务中因违法执业或者因过错给委托人造成损失的，应当依照联营协议，由过错方独自承担或者双方分担赔偿责任。 3. 执业保险：联营双方及其参与联营业务的律师，应当分别依照有关规定，以各自的名义参加律师执业责任保险。
收费方式	以联营名义合作办理法律事务的： 1. 可以统一向委托人收费，双方再依照联营协议进行分配； 2. 也可以根据联营中各自办理的法律事务，分别向委托人收费，但须事先告知委托人。

①《海南省中外律师事务所联营实施办法》第四条第一款。

②《海南省中外律师事务所联营实施办法》第四条第二款。

(2) 办理流程及材料[①]

◆实施部门：海南省司法厅

◆办理端口：海南政务服务网—外国律师事务所与海南经济特区内的中国律师事务所联营许可，可网上办理。

◆流程及时间

序号	环节名称	所需时间	联系方式
承诺办结时限：20个工作日			
1	受理	2个工作日	0898-65203044
2	审批办审核	5个工作日	0898-65203043
3	厅领导审批	10个工作日	0898-65203198
4	办结	3个工作日	0898-65203044

注：仅供参考，请以海南政务服务网最新公布的流程及时间为准。

◆所需材料

序号	材料名称	份数	备注
1	申请书	原件1份	加盖联营各方公章
2	中国律师事务所登记情况简介	原件1份	加盖联营各方公章
3	中国律师事务所执业许可证	复印件1份	加盖机构公章
4	外国律师事务所登记情况简介	原件1份	加盖机构公章
5	外国律师事务所执业许可证复印件	复印件1份	须经申请人本国公证机构或者公证人公证、其本国外交主管机关或者外交主管机关授权的机关认证，并经中国驻该国使（领）馆认证。外文材料应当附中文译文。
6	联营协议	原件1份	加盖联营各方公章

注：仅供参考，请以海南政务服务网最新公布的所需办理材料为准。

①根据《海南省中外律师事务所联营实施办法》第七条的规定，中国律师事务所与外国律师事务所联营的申请与核准，参照司法部《香港特别行政区和澳门特别行政区律师事务所与内地律师事务所联营管理办法》规定的程序办理。

（3）政策监管

联营双方的中外律师事务所应当在每年第一季度内，经联营所在地市（县）司法局向海南省司法厅递交联营情况报告。①

2. 琼港澳律师事务所合伙联营

（1）适用条件

琼港澳律师事务所合伙联营适用条件	
联营形式	应采用特殊普通合伙形式联营，并订立合伙联营协议。 1. 协议应载明：联营各方的名称，出资比例、出资额及出资方式，派驻律师、聘用律师人数及联营所的负责人，联营各方的权利、义务，联营收入分配方式、业务支出分担方式及责任承担方式，所内律师及聘用辅助人员的分配方式、职业责任保险及社会保险安排，联营的违约责任、争议解决程序，联营的期限以及终止、延续的条件和程序，等等。 2. 协议禁止性要求：合伙联营协议不得约定联营任何一方对联营律师事务所重大事项享有超越其出资比例的决定权。 3. 协议生效时间：合伙联营协议自联营被批准之日起生效。
联营期限	各方协议约定的联营期限一般≥3年。
联营章程	1. 联营律师事务所应当订立章程。 2. 章程不得违背联营协议。 3. 章程应载明事项：（1）联营律师事务所的名称、负责人和住所地址；（2）联营各方律师事务所的名称；（3）联营律师事务所的组织形式；（4）联营律师事务所的业务范围；（5）联营各方的出资比例、出资额及出资方式；（6）联营各方派驻律师、联营律师事务所聘用律师及聘用辅助工作人员的安排；（7）联营律师事务所的管理架构及各方的权利、义务；（8）联营律师事务所负责人的职责及产生、变更程序；（9）联营收入分配方式、业务支出分担方式、责任承担方式；（10）联营律师事务所的财务管理制度、人员分配制度、律师职业责任保险安排及资产处置办法；（11）联营律师事务所变更、终止的条件和程序；（12）联营律师事务所章程的修改程序；（13）联营期限及延续程序。 4. 章程生效时间：章程自联营被批准之日起生效。

①《海南省中外律师事务所联营实施办法》第十三条第二款。

续表

<table>
<tr><th colspan="2">琼港澳律师事务所合伙联营适用条件</th></tr>
<tr><td rowspan="3">申请联营主体</td><td>香港、澳门律师事务所（可为一家或多家）应同时满足以下条件：
1. 根据香港、澳门法律登记设立，且总部位于香港、澳门；
2. 在香港、澳门从事法律服务经营满5年；
3. 有3名以上执业律师，合伙人或者负责人须是在香港、澳门注册的执业律师；
4. 能够办理香港、澳门法律事务以及中国内地以外获准律师执业的其他国家和地区的法律事务；
5. 近3年内本所未受过香港、澳门律师监管机构处罚，驻内地代表机构未受过内地律师监管部门处罚。</td></tr>
<tr><td>海南律师事务所（仅限一家）应同时满足以下条件：
1. 成立5年以上的合伙律师事务所；
2. 执业律师≥20人；
3. 本所设在海南省内；
4. 近3年内未受过行政处罚和行业处分；
5. 如为其他省（自治区、直辖市）已在海南省内设立分所的律师事务所，还应符合其设在海南省的分所近3年内未受过行政处罚和行业处分的条件。</td></tr>
<tr><td>注意：
1. 申请联营的香港、澳门律师事务所可以是一家或者多家，但海南律师事务所仅限一家。
2. 申请联营的海南律师事务所：
（1）可以是设在海南的本所；
（2）也可以是其他省（自治区、直辖市）已在海南设立分所的律师事务所。</td></tr>
<tr><td>联营名称</td><td>联营字号+（设立所在地名称）+联营律师事务所</td></tr>
<tr><td>出资要求</td><td>1. 出资额
合伙联营各方的出资额合计≥人民币500万元，出资方式由联营各方协商确定。
2. 出资比例
（1）港澳一方为一家的：出资比例≤49%；
（2）港澳一方为多家的：港澳各方出资比例均应<海南律师事务所的出资比例。
3. 认缴制及实缴出资期限
联营各方出资可实行认缴制，但在申请联营时各方实际出资不得少于认缴额的30%，其余应在联营获准后3年内缴齐。
4. 出资形式
申请合伙联营的香港、澳门律师事务所和海南律师事务所可以分别将其设在设立地的代表机构或者分所作为各自出资投入实行合伙联营。
注意：申请联营的香港、澳门律师事务所和海南律师事务所将其设在设立地的代表机构或者分所作为投入实行合伙联营的，合伙联营获得批准后15日内，该代表机构或者分所应当申请办理注销手续。</td></tr>
</table>

续表

琼港澳律师事务所合伙联营适用条件	
律师要求	1. 数量要求 联营律师事务所的律师数量合计≥10人。各方派驻律师数量和本所聘用律师数量由联营各方协商确定。 2. 牵头负责律师要求 联营各方在联营律师事务所的律师中应指定1名牵头负责的律师。 3. 律师执业经历要求 联营各方派驻律师的执业经历≥3年，且派驻前2年内未受过行政处罚和行业处分。 4. 港澳方律师要求 （1）香港、澳门律师事务所派驻的律师： ①可以是香港、澳门本地律师； ②也可以是其聘用并在香港、澳门注册的外国律师。 （2）港澳、外国律师禁止性要求 ①不得同时受聘于内地律师事务所领取港澳居民内地律师执业证或担任港澳法律顾问；或 ②不得同时在本所驻内地代表机构兼任代表；或 ③不得同时受聘于外国律师事务所驻华代表机构。
人员聘用	1. 律师聘用 （1）聘用内地律师： ①可以联营海南一方律师事务所名义聘用，并作为其派驻律师； ②也可以联营律师事务所名义聘用内地律师。 （2）聘用港澳律师或者外国律师： ①可以联营香港、澳门一方的律师事务所名义聘用，并作为其派驻律师； ②也可以联营律师事务所名义聘用。 2. 实习律师聘用 可以接受申请律师执业人员到本所实习。 3. 其他工作人员聘用 可以聘用助理、文秘和其他辅助工作人员。 4. 法律适用 （1）聘用内地人员，应当执行《中华人民共和国劳动合同法》的规定； （2）聘用境外人员，还应当遵守内地有关规定。
负责人	联营律师事务所的负责人，应当在海南律师事务所的派驻律师中产生，但应得到其他各方的认可。
办公场所	1. 应当有固定、独立的办公场所。 2. 办公场所可以是联营各方共同拥有或其中一方自有商业物业，也可以共同租用办公场所。 3. 总面积≥200平方米，且人均面积≥15平方米。

续表

琼港澳律师事务所合伙联营适用条件	
业务范围	1. 联营所业务范围 (1)可受理、承办民商事诉讼、非诉讼法律事务以及行政诉讼法律事务; (2)不得受理、承办涉及内地法律适用的刑事诉讼法律事务。 2. 联营所律师执业范围 (1)内地律师的执业范围,执行《中华人民共和国律师法》和《律师执业管理办法》的规定; (2)香港、澳门一方派驻律师及聘用的香港、澳门律师的执业范围,执行《香港、澳门特别行政区律师事务所驻内地代表机构管理办法》的规定,不得承办内地法律事务。 3. 业务受理承办 以本所名义统一受理业务: (1)对属于内地法律事务的,由内地律师办理; (2)属于香港、澳门或者外国法律事务的,由香港、澳门派驻的律师或聘用的港澳律师办理; (3)对其中既有涉及内地法律适用又有涉及香港、澳门或者外国法律适用的法律事务,由本所律师按各自执业范围分工协作办理; (4)对于涉外法律事务,特别是涉及国际条约、国际惯例适用的法律事务,由本所律师合作办理。
责任承担	联营律师事务所及本所律师因执业违法或者过错给当事人造成损失的,应当按照特殊普通合伙的法定责任机制①以及合伙联营协议约定的方式对其债务承担责任。
收费方式	1. 以本所名义统一向当事人收取律师服务费用。 (1)属于内地法律事务的,执行内地律师服务收费管理规定及其标准; (2)属于香港、澳门法律事务的,按照香港、澳门的律师服务收费标准或者通行做法收费; (3)属于涉外法律事务的,可以与当事人协商收费。 2.联营律师事务所的业务收费,应当在内地境内结算。
开业时间	应当在领取执业许可证后6个月内开业。②

①《中华人民共和国合伙企业法》(2006修订)第五十七条:"一个合伙人或者数个合伙人在执业活动中因故意或者重大过失造成合伙企业债务的,应当承担无限责任或者无限连带责任,其他合伙人以其在合伙企业中的财产份额为限承担责任。合伙人在执业活动中非因故意或者重大过失造成的合伙企业债务以及合伙企业的其他债务,由全体合伙人承担无限连带责任。"

《中华人民共和国合伙企业法》(2006修订)第五十八条:"合伙人执业活动中因故意或者重大过失造成的合伙企业债务,以合伙企业财产对外承担责任后,该合伙人应当按照合伙协议的约定对给合伙企业造成的损失承担赔偿责任。"

②《香港特别行政区和澳门特别行政区律师事务所与海南律师事务所实行合伙联营的试行办法》第十二条。

（2）办理流程及材料

◆实施部门：海南省司法厅

◆办理端口：海南政务服务网—香港、澳门律师事务所与海南经济特区内的内地律师事务所合伙联营许可，可网上办理。

◆流程及时间

序号	环节名称	所需时间	联系方式
承诺办结时限：10个工作日			
1	受理	2个工作日	0898-65203044
2	审批办审核	3个工作日	0898-65203043
3	厅领导审批	3个工作日	0898-65203198
4	办结	2个工作日	0898-65203044

注：仅供参考，请以海南政务服务网最新公布的流程及时间为准。

◆所需材料

序号	材料名称	份数	备注
1	合伙联营申请书	原件3份	加盖联营各方公章
2	合伙联营 设立申请登记表	原件3份	加盖联营各方公章
3	合伙联营协议	原件3份	加盖联营各方公章
4	合伙联营 律师事务所章程	原件3份	加盖联营各方公章
5	联营各方律师事务所同意参与联营的合伙人决议	原件3份	加盖联营各方公章
6	联营各方认缴出资的证明文件	原件3份	材料包括存款银行资信证明材料和出资承诺书
7	联营律师事务所 住所的证明文件	复印件3份	1. 自有的，提交房产权属证明材料 2. 租赁的，提供有效的租赁证明材料 3. 证明材料复印件清晰完整，盖有联营各方公章

续表

序号	材料名称	份数	备注
8	联营各方律师事务所符合规定条件的有效证明文件	原件和复印件各3份	申请材料中要求提交的申请联营的香港、澳门律师事务所有效登记证件、派驻律师执业证件复印件和香港、澳门律师事务所符合相关条件的证明材料，须经内地认可的公证人公证。文件材料用外文书写的应当附中文译文。
9	联营各方认可的联营所负责人名单及其执业经历证明	原件3份	申请材料中要求提交的申请联营的香港、澳门律师事务所有效登记证件、派驻律师执业证件复印件和派驻律师符合相关执业经历条件的证明材料，须经内地认可的公证人公证。文件材料用外文书写的应当附中文译文。
10	联营律师事务所的律师名单及有效证明文件	原件3份	1. 内容完整、意思明确、真实有效，盖有各方联营公章。 2. 申请材料中要求提交的申请联营的香港、澳门律师事务所有效登记证件、派驻律师执业证件复印件，须经内地认可的公证人公证。

注：仅供参考，请以海南政务服务网最新公布的所需办理材料为准。

（3）政策监管

◆利益冲突预防机制建立

联营律师事务所执业期间，参与联营的香港、澳门律师事务所，海南律师事务所与联营律师事务所应当建立利益冲突预防机制。[①]联营律师事务所各方派驻律师及聘用的律师，与参与联营的各方律师事务所律师不得在同一民商事诉讼或者非诉讼法律事务中同时为有利益冲突的当事人担任代理人或者提供法律服务。[②]

◆律师职业责任保险制度建立

联营律师事务所应当建立律师职业责任保险制度。根据联营各方约定，可以联营律师事务所名义统一购买职业责任保险；以本所律师名义购买职业责任

①《香港特别行政区和澳门特别行政区律师事务所与海南律师事务所实行合伙联营的试行办法》第七条第三款。

②《香港特别行政区和澳门特别行政区律师事务所与海南律师事务所实行合伙联营的试行办法》第十八条第二款。

保险的，其所在的香港、澳门律师事务所在香港、澳门购买的职业责任保险承保的范围须涵盖其律师在内地的执业活动。具体投保的额度，由联营各方协商确定。①

◆加入律协要求

①港澳律师：联营律师事务所中的香港、澳门派驻律师及聘用的港澳律师，以港澳、外籍律师会员身份加入省律师协会，参加省律师协会的活动，接受省律师协会的监督指导，享有的会员权利、应履行的会员义务按境外会员管理。

②联营律所：联营律师事务所应当以团体会员身份加入省律师协会。②

◆律所年度考核③

联营律师事务所应当于每年的第一季度向设立地的市（县）司法局提交下列材料，由海南省司法厅参照《律师事务所年度检查考核办法》的规定，对联营律师事务所进行年度检查考核，对其执业和管理状况作出评价：

①上一年度本所从事法律服务活动的总结报告；

②经会计师事务所或者审计事务所审计的本所年度财务报表和依法纳税凭证；

③各方派驻的律师、本所聘用律师和聘用人员变动情况以及本所重要变更事项；

④执行《香港特别行政区和澳门特别行政区律师事务所与海南律师事务所实行合伙联营的试行办法》规定的其他情况。

◆律师年度考核④

联营律师事务所对各方派驻律师、聘用律师执业状况的年度考核，在省律师协会的指导下，参照《律师执业年度考核规则》办理。

3. 中外律师事务所互派律师担任法律顾问

互派律师担任法律顾问，是指中国律师事务所与外国律师事务所以协议方式，由中国律师事务所向外国律师事务所驻海南代表机构派驻中国律师担任中

---

①《香港特别行政区和澳门特别行政区律师事务所与海南律师事务所实行合伙联营的试行办法》第二十二条。

②《香港特别行政区和澳门特别行政区律师事务所与海南律师事务所实行合伙联营的试行办法》第二十七条。

③《香港特别行政区和澳门特别行政区律师事务所与海南律师事务所实行合伙联营的试行办法》第二十八条、第二十九条第一款。

④《香港特别行政区和澳门特别行政区律师事务所与海南律师事务所实行合伙联营的试行办法》第二十九条第二款。

国法律顾问，由外国律师事务所向设立在海南的中国律师事务所（或者分所）派驻外国律师担任外国法律顾问，在各自执业范围、权限内，采取分工协作方式开展业务合作。[①]目前，仅在海南和上海两地落实了中外律师事务所互派律师担任法律顾问的中外律所合作方式，其他地方诸如天津和黑龙江尚未取得司法部审批或尚未出台具体落实文件及措施。

（1）适用条件

<table>
<tr><th colspan="2">中外律师事务所互派律师担任法律顾问适用条件</th></tr>
<tr><td rowspan="2">申请主体</td><td>申请互派法律顾问的中国律师事务所应当具备下列条件：
1. 成立满3年；
2. 采用合伙形式；
3. 专职执业律师≥20人；
4. 具有较强的法律服务能力，内部管理规范；
5. 近3年内未受过行政处罚和行业处分；
6. 本所设在海南，或者本所设在其他省（自治区、直辖市），且已在海南设立分所。</td></tr>
<tr><td>申请互派法律顾问的外国律师事务所应当具备下列条件：
1. 已在海南设立代表机构满3年，或在中国境内其他城市设立代表机构满3年且已在海南设立代表机构；
2. 已设立的代表机构近3年内未受过中国监管部门行政处罚。</td></tr>
<tr><td rowspan="2">派驻律师要求</td><td>派驻到外国律师事务所驻海南代表机构担任中国法律顾问的中国律师，应当具备下列条件：
1. 具有5年以上在中国专职执业经历；
2. 具有较强的办理内地及涉外法律事务的能力；
3. 近3年内未受过行政处罚和行业处分。
注意：中国律师事务所负责人及其分所负责人不得作为派驻律师到外国律师事务所驻海南代表机构担任中国法律顾问。</td></tr>
<tr><td>派驻到设立在海南的中国律师事务所（或者分所）担任外国法律顾问的外国律师，应当具备下列条件：
1. 具有5年以上在外国律师执业经历；
2. 具有较强的办理所在国及国际法律事务的能力；
3. 近3年内未受过执业地所在国及中国律师监管部门的行政处罚和行业处分。
注意：外国律师事务所负责人及其驻华代表机构首席代表不得作为派驻律师到中国律师事务所（或者分所）担任外国法律顾问。</td></tr>
</table>

①《海南省中外律师事务所互派律师担任法律顾问实施办法》第一条。

续表

中外律师事务所互派律师担任法律顾问适用条件	
派驻律师要求	说明： 1. 一家中国或外国律师事务所只能与一家外国或中国律师事务所建立互派法律顾问的法律关系，互派法律顾问应当报海南省司法厅备案。 2. 参与互派法律顾问的中外律师事务所，不得与第三方律师事务所及其分所或代表机构建立联营合作关系。
法律顾问数量要求	各方派出法律顾问的数量≤3名。
互派法律顾问协议	1. 应当签订互派法律顾问协议； 2. 协议应载明：（1）双方律师事务所统一社会信用代码或执业许可证（照）号，外国律师事务所驻海南代表机构、中国律师事务所（或者分所）名称，首席代表、律师事务所负责人姓名及执业证（照）号、住所地址；（2）双方互派法律顾问的律师数量、名单、律师执业证（照）号；（3）双方互派律师担任法律顾问期间的工作地点、执业范围、合作方式及其权利义务；（4）双方关于派驻律师的费用安排、合作收益分配安排及债务承担方式；（5）双方争议的解决程序，变更、增派律师的条件和程序；（6）双方合作的期限，违约责任及终止、延续合作的程序；（7）其他需要载明的事项。 3. 协议备案要求：应当共同将互派法律顾问协议、双方律师事务所及派驻律师符合本办法规定条件的证明材料以及其他相关材料报海南省司法厅备案。
合作期限	互派法律顾问协议，约定的合作期限一般不得少于3年。
业务范围	中国律师被派驻到外国律师事务所驻海南代表机构担任中国法律顾问期间，可以进行以下法律业务活动： 1. 向接受派驻的外国律师事务所及其代表机构提供中国法律信息、法律环境等方面的咨询服务； 2. 可以中国律师身份向客户提供中国法律咨询服务和涉及适用中国法律的民商事诉讼、非诉讼法律事务的代理服务； 3. 可以分工协作方式与外国律师事务所驻海南代表机构合作办理跨境或国际法律事务； 4. 可以就重大复杂法律事务提请所在的中国律师事务所与外国律师事务所合作办理。 注意：派驻到外国律师事务所代表机构的中国法律顾问从事本办法所规定的业务活动，应当遵守《中华人民共和国律师法》和律师执业管理的有关规定，恪守职业道德和执业纪律，接受中国司法行政部门和律师协会的监督指导。

续表

中外律师事务所互派律师担任法律顾问适用条件	
业务范围	外国律师被派驻到中国律师事务所（或者分所）担任外国法律顾问期间，可以进行以下法律业务活动： 5. 向接受派驻的中国律师事务所（或者分所）提供外国法律信息、法律环境等方面的咨询服务； 6. 可以外国律师身份向客户提供涉及外国法律适用的咨询和代理服务； 7. 可以分工协作方式与中国律师事务所（或者分所）合作办理跨境或国际法律事务。 注意：派驻到中国律师事务所（或者分所）的外国法律顾问从事本办法所规定的业务活动，应当遵守《外国律师事务所驻华代表机构管理条例》和《司法部关于执行〈外国律师事务所驻华代表机构管理条例〉的规定》的相关规定，在派驻期间，不得从事或者宣称可以从事中国法律服务，不得在名义上或者实质上成为中国律师事务所的合伙人，不得参与中国律师事务所（或者分所）的内部管理。
	说明：参与互派法律顾问的中外律师事务所及其双方各自派驻的律师分别或者合作承办法律事务的，应当共同遵守避免利益冲突的规则。
责任承担	1. 中外律所按各自过错承担后可向派驻律师追偿 中国及外国法律顾问在派驻期间，因违法行为或执业过错，给当事人或者接受派驻的外国律师事务所驻海南代表机构及中国律师事务所（或者分所）造成损失的，由其所在的中国或外国律师事务所承担赔偿责任。中外律师事务所可以依据各自规定，向有过错的派驻律师追偿。 2. 共同过错，按协议约定分担赔偿责任 中国法律顾问与其所派驻的外国律师事务所驻海南代表机构，以及外国法律顾问与其所派驻的中国律师事务所（或者分所）合作办理法律事务，因共同过错给当事人或者双方律师事务所造成损失的，由合作双方的律师事务所按照协议约定分担赔偿责任。

（2）办理流程及材料

◆实施部门：海南省司法厅

◆办理端口：海南政务服务网—海南经济特区律师事务所与外国律师事务所互派律师担任法律顾问备案，可网上办理。

◆流程及时间

序号	环节名称	所需时间	联系方式
承诺办结时限：10个工作日			
1	受理	2个工作日	0898-65203044
2	审批办审核	3个工作日	0898-65203043
3	厅领导审批	3个工作日	0898-65203198
4	办结	2个工作日	0898-65203044

注：仅供参考，请以海南政务服务网最新公布的流程及时间为准。

◆所需材料

序号	材料名称	份数	备注
1	申请书	原件1份	加盖律师事务所公章
2	中国律师事务所情况登记表	原件1份	加盖律师事务所公章
3	中国律师事务所执业许可证	复印件1份	加盖律师事务所公章
4	外国律师事务所情况登记表	原件1份	加盖律师事务所公章
5	外国律师事务所驻华代表处执业许可证	复印件1份	加盖律师事务所及代表处公章
6	互派法律顾问协议	原件1份	加盖中外律师事务所公章
7	担任法律顾问的中国律师名单及简历	原件1份	加盖律师事务所公章
8	律师执业证	复印件1份	加盖律师事务所公章
9	担任法律顾问的外国律师名单及简历	原件1份	加盖律师事务所公章
10	外国律师事务所驻华代表执业证（已关联电子证照，免于提交）	复印件1份	加盖代表处公章

续表

序号	材料名称	份数	备注
11	外国律师执业证复印件及执业经历公证材料	原件1份	直接从外国律师事务所派驻到设立在海南的中国律师事务所（或者分所）担任外国法律顾问的外国律师，应当提交经申请人本国公证机构或者公证人的公证、其本国外交主管机关或者外交主管机关授权的机关认证，并经中国驻该国使（领）馆认证的外国律师执业证复印件及“具有5年以上在外国律师执业经历，且近3年内未受过执业地所在国的行政处罚和行业处分”文件材料。外文材料应当附中文译文。

注：仅供参考，请以海南政务服务网最新公布的所需办理材料为准。

（3）政策监管

①中国律师事务所向外国律师事务所驻海南代表机构派驻律师担任中国法律顾问的执业情况以及与外国律师事务所派驻的外国法律顾问的合作情况，应当纳入律师事务所年度检查考核和律师执业年度考核。

②外国律师事务所与中国律师事务所派驻的中国法律顾问的合作情况，以及被派驻到中国律师事务所（或者分所）担任外国法律顾问的执业情况，应当纳入外国律师事务所驻海南代表机构年度检验。

4. 海南律所聘请外籍律师担任外国法律顾问

目前，仅在海南、北京、上海、广东四地可采用聘请外籍律师担任外国法律顾问的中外律所合作方式。其中海南在律所执业律师人数要求和外籍律师执业年限要求方面处于全国最低标准。

（1）适用条件

海南律所聘请外籍律师担任外国法律顾问适用条件	
海南律所要求	参与聘请的律师事务所应当具备下列条件： 1. 在海南省内成立3年以上的合伙律师事务所（不含分支机构）； 2. 有专职执业律师20人以上； 3. 具有较强的涉外法律服务能力，内部管理规范； 4. 近3年内未受过行政处罚和行业处分。 注意：律师事务所不得允许和接受外国自然人或外国组织任何形式的投资和帮助。
外籍律师要求	参与聘请的外籍律师应当具备下列条件： 1. 不具有中华人民共和国国籍的自然人； 2. 在中国境外连续从事律师职业不少于2年，且系正在执业的律师； 3. 具有较强的办理所在国及国际法律事务的能力； 4. 没有受过刑事处罚，没有因违反律师职业道德、执业纪律受过行政处罚和行业处分； 5. 符合外国人来华工作许可的相关规定。
外籍律师业务范围	1. 向受聘的海南律师事务所提供已获准从事律师执业业务的国家法律信息、法律环境等方面的咨询服务及有关国际条约、国际惯例的咨询； 2. 以外国法律顾问身份向客户提供涉及外国法律适用的咨询和代理服务（诉讼代理除外）； 3. 以分工协作的方式与海南律师合作办理跨境或国际法律服务。
外籍律师业务实施要求	外国法律顾问对外出具的法律性文件应由其本人签名、签署日期，并加盖律师事务所公章。
外籍律师禁止性行为	外国法律顾问不得存在下列行为： 1. 在聘用期间从事或者宣称可以从事中国法律服务； 2. 在名义上或者实质上成为中国律师事务所的合伙人，或参与中国律师事务所的内部管理； 3. 担任外国律师事务所驻华代表机构首席代表或代表； 4. 同一时期受聘于两家（含）以上国内律师事务所从事外国法律顾问工作。
外籍律师人数要求	律师事务所聘请外国法律顾问数量≤10%本所（不含分支机构）专职执业律师总数，且≤20人。
劳动合同+执业保险	律师事务所聘请外国法律顾问应当签订劳动合同，并为聘请的外国法律顾问购买不低于本所专职执业律师保额的执业责任保险。
外籍律师居留时间要求	1. 受聘为外国法律顾问的外籍律师每年在中国境内居留时间≥6个月。 2. 少于6个月的，由海南省司法厅收回并注销顾问证。
责任承担	律师事务所和外国法律顾问根据实际情况承担相应的赔偿责任。

（2）办理流程及步骤

◆实施部门：海南省司法厅

◆办理端口：海南政务服务网–海南经济特区律师事务所聘请外籍律师担任外国法律顾问备案，可网上办理。

◆流程及时间

序号	环节名称	所需时间	联系方式
承诺办结时限：5个工作日			
1	受理	1个工作日	0898–65203044
2	审批办审核	1个工作日	0898–65203043
3	厅领导审批	2个工作日	0898–65203198
4	办结	1个工作日	0898–65203044

注：仅供参考，请以海南政务服务网最新公布的流程及时间为准。

◆所需材料

序号	材料名称	份数	备注
1	聘请外国法律顾问备案申请书	原件1份	加盖律师事务所公章
2	拟受聘外国法律顾问基本信息表	原件1份	加盖律师事务所公章
3	拟受聘外籍律师护照	复印件1份	加盖律师事务所公章
4	律师事务所无外国投资的承诺书	原件1份	加盖律师事务所公章
5	律师事务所执业许可证副本	原件和复印件各1份	复印件加盖律师事务所公章
6	近三年涉外业务报告	原件1份	1. 内容完整、意思明确，主要内容包含涉外法律人才基本情况、涉外业务收入、业务关联国家、具体事项等。 2. 加盖律师事务所公章。
7	律师事务所与外籍律师签订的劳动合同	原件1份	1. 劳动合同应当符合《外国人在中国就业管理规定》的要求，内容主要包括聘请期限、薪资约定、执业范围、方式和权利义务、外国法律顾问的过错承担方式等。 2. 内容完整、意思明确、真实有效，盖有律师事务所公章。

续表

序号	材料名称	份数	备注
8	该外籍律师已在中国境外连续执业不少于2年的证明文件	原件1份	此项证明文件应经该外籍律师本国公证机构或者公证人的公证、其本国外交主管机关或者外交主管机关授权的机关认证，并经中国驻该国使（领）馆认证，且需提供中文翻译文件。
9	该外籍律师没有受过刑事处罚和没有因违反律师职业道德、执业纪律受过处罚和处分的证明文件	原件1份	此项证明文件应经该外籍律师本国公证机构或者公证人的公证、其本国外交主管机关或者外交主管机关授权的机关认证，并经中国驻该国使（领）馆认证，且需提供中文翻译文件；如该外籍律师曾任外国律师事务所驻华代表处首席代表或代表，还需代表处所在地的省（自治区、直辖市）司法厅（局）出具该外籍律师未受过处罚的证明文件。

注：仅供参考，请以海南政务服务网最新公布的所需办理材料为准。

（3）政策监管

◆公示要求

经依法备案的外国法律顾问将在海南司法行政网上进行公示，聘请外国法律顾问的律师事务所应当同时在本所网站上进行公示。

◆年度考核

①外籍律师考核：海南省律师协会负责对已备案的外国法律顾问进行年度考核。具体考核办法另行制定。

②海南律所考核：律师事务所聘请外籍律师担任外国法律顾问的行为，受司法行政机关的监督和管理，司法行政机关将律师事务所聘请外国法律顾问的情况纳入年度检查考核范围。

5. 海南境内外律所合作方式对比

海南境内外律所合作方式对比				
方式 对比	中外律师事务所联营	琼港澳律师事务所合伙联营	中外律师事务所互派律师担任法律顾问	海南律所聘请外籍律师担任外国法律顾问
组织形式	联营协议	采用特殊普通合伙形式联营，并订立合伙联营协议	互派协议	—
责任承担	联营期间，双方的法律地位、名称和财务各自保持独立，各自独立承担民事责任。	按照特殊普通合伙的法定责任机制以及合伙联营协议约定的方式对其债务承担责任。	中外律所按各自过错承担后可向派驻律师追偿；共同过错，按协议约定分担赔偿责任。	律师事务所和外国法律顾问根据实际情况承担相应的赔偿责任。
设立条件	一、中国和外国律所各仅限一家。 二、中国律师事务所应同时满足以下条件： 1. 成立满3年； 2. 采用合伙形式； 3. 专职执业律师≥20人； 4. 具有较强的法律服务能力，内部管理规范； 5. 近3年内未受过行政处罚和行业处分； 6. 本所设在海南或设在中国境内且已在海南设立分所。 三、外国律师事务所申请联营应同时满足以下条件：	一、申请联营的香港、澳门律师事务所可以是一家或者多家，但海南律师事务所仅限一家。 二、海南律师事务所应同时满足以下条件： 1. 成立满5年； 2. 合伙律师事务所； 3. 执业律师≥20人； 4. 本所设在海南省内； 5. 近3年内未受过行政处罚和行业处分； 6. 如为其他省（自治区、直辖市）已在海南省内设立分所的律所，还应符合其设在海南省的分所近3年内未受过行政处罚和行业处分的条件。 三、香港、澳门律师事务所应同时满足以下条件： 1. 根据香港、澳门法律登记设立，且总部位于香港、澳门；	一、一家中国或外国律所均只能与一家外国或中国律所互派。 二、申请互派法律顾问的中国律师事务所应当具备下列条件： 1. 成立满3年； 2. 采用合伙形式； 3. 专职执业律师≥20人； 4. 具有较强的法律服务能力，内部管理规范； 5. 近3年内未受过行政处罚和行业处分； 6. 本所设在海南或设在中国境内且已在海南设立分所。	一、参与聘请的律师事务所应当具备下列条件： 1. 在海南省内成立满3年； 2. 合伙律师事务所(不含分支机构)； 3. 有专职执业律师20人以上； 4. 具有较强的涉外法律服务能力，内部管理规范； 5. 近3年内未受过行政处罚和行业处分。 二、参与聘请的外籍律师应当具备下列条件： 1. 不具有中华人民共和国国籍的自然人； 2. 在中国境外连续从事律师职业不少于2年，且系正在执业的律师；

续表

海南境内外律所合作方式对比				
设立条件	1. 代表机构已在中国境内设立代表机构满3年且已在海南设立代表机构； 2. 已设立的代表机构近3年内未受过中国监管部门的行政处罚。	2. 在香港、澳门从事法律服务经营满5年； 3. 有3名以上执业律师，合伙人或者负责人须是在香港、澳门注册的执业律师； 4. 能够办理香港、澳门法律事务以及中国内地以外获准律师执业的其他国家和地区的法律事务； 5. 近3年内本所未受过香港、澳门律师监管机构处罚，驻内地代表机构未受过内地律师监管部门处罚。	三、申请互派法律顾问的外国律师事务所应当具备下列条件： 1. 代表机构已在中国境内设立代表机构满3年且已在海南设立代表机构； 2. 已设立的代表机构近3年内未受过中国监管部门行政处罚。	3. 具有较强的办理所在国及国际法律事务的能力； 4. 没有受过刑事处罚，没有因违反律师职业道德、执业纪律受过行政处罚和行业处分； 5. 符合外国人来华工作许可的相关规定。 外籍律师≤10%且≤20人。
出资额	—	出资总额≥人民币500万元且港澳各方出资比例均<海南律师事务所（港澳一方为一家的，出资比例≤49%）。 各方实际出资不得少于认缴额的30%，其余应在联营获准后三年内缴齐。	—	—
业务范围	在各自获准从事律师执业业务范围内分别办理中国以及外国法律事务，合作办理跨境和国际法律事务。	一、联营所业务范围 1. 可受理、承办民商事诉讼、非诉讼法律事务以及行政诉讼法律事务； 2. 不得受理、承办涉及内地法律适用的刑事诉讼法律事务。 二、联营所律师执业范围 在各自获准从事律师执业业务范围内执业，港澳律师不得承办内地法律事务；合作办理涉外法律事务。	外国法律顾问可提供外国法律信息、法律环境等方面的咨询服务、涉及外国法律适用的咨询代理服务。 中国法律顾问可提供中国法律信息、法律环境等方面的咨询服务、中国法律咨询服务和涉及适用中国法律的民商事诉讼、非诉讼法律事务的代理服务。 中外法律顾问可合作办理跨境或国际法律事务。	外籍律师可提供已获准从事律师执业业务的国家法律信息、法律环境等方面的咨询服务及有关国际条约、国际惯例的咨询；涉及外国法律适用的咨询和代理服务（诉讼代理除外）；合作办理跨境或国际法律服务。

续表

海南境内外律所合作方式对比				
办公要求	合署办公，且共用办公场所应在海南。无明确面积要求。	在海南有固定、独立的办公场所且总面积≥200平方米，人均面积≥15平方米。	—	—
收费方式	统一收取后内部分配或分别收取	统一收取	—	—
监管	年度联营情况报告	律所和律师年度考核	律所年度考核	1. 律所和律师年度考核；2. 在海南司法行政网及律所网站上公示外国法律顾问。
执业/职业保险	分别依照有关规定，以各自的名义参加律师执业责任保险。	可统一购买或分别以各自名义购买律师职业责任保险。	—	海南律所应为聘请的外国法律顾问购买不低于本所专职执业律师保额的执业责任保险。
入会要求	—	律师和律所均应加入律师协会	—	—
利益冲突预防机制	—	建立	—	—
联营和互派是否互斥	参与联营的中外律师事务所，不得与第三方律师事务所及其分所或代表机构建立互派律师担任法律顾问合作关系。	—	参与互派法律顾问的中外律师事务所，不得与第三方律师事务所及其分所或代表机构建立联营合作关系。	—
开业时间	—	在领取执业许可证后6个月内开业	—	—

三、涉外律师业发展奖励

涉外律师业发展奖励[①]		
适用时间	自2022年4月1日起3年。	
奖励	外港澳驻境内律师事务所	对外国律师事务所驻华代表机构和香港、澳门律师事务所驻内地代表处，在本市租赁办公用房的，连续三年按照年租金总额（以租赁合同和租金支付凭证为准）的50%给予租房补贴，三年内累计补贴金额最高不超过100万元。
	琼港澳合伙联营律师事务所	经海南省司法厅核准设立的香港、澳门律师事务所与内地律师事务所组建的合伙联营律师事务所，在海口市租赁办公用房的，连续三年按照年租金总额（以租赁合同和租金支付凭证为准）的50%给予租房补贴，三年内累计补贴金额最高不超过50万元。

①《海口市人民政府办公室关于印发〈海口市促进涉外律师业发展奖励办法〉的通知》（海府办规〔2022〕2号）。

第十一章　海南自由贸易港博鳌乐城国际医疗旅游先行区特许药械政策助力医疗健康产业发展

一、政策背景

2013年2月28日，国务院颁布《国务院关于同意设立海南博鳌乐城国际医疗旅游先行区的批复》（国函〔2013〕33号），海南博鳌乐城国际医疗旅游先行区自此设立，同时提出先行区药品和医疗器械进口审批及进口注册申请实行特殊审批管理。2018年，国务院相继颁布《国务院关于在海南博鳌乐城国际医疗旅游先行区暂停实施〈医疗器械监督管理条例〉有关规定的决定》（国发〔2018〕10号）、《国务院关于在海南博鳌乐城国际医疗旅游先行区暂时调整实施〈中华人民共和国药品管理法实施条例〉有关规定的决定》（国发〔2018〕43号），下放了临床急需进口药品和医疗器械的审批权。

2019年4月2日，海南省人民政府颁布《海南省人民政府关于印发〈海南博鳌乐城国际医疗旅游先行区临床急需进口药品管理暂行规定〉的通知》（琼府〔2019〕16号），制定了临床急需进口药品的特殊审批及监管流程。2019年9月19日，海南省人民政府办公厅、国家药品监督管理局综合司发布《海南博鳌乐城国际医疗旅游先行区临床真实世界数据应用试点工作实施方案》（琼府办〔2019〕24号），推行临床真实世界数据应用试点。2020年3月27日，海南省药品监督管理局颁布《海南博鳌乐城国际医疗旅游先行区临床急需进口药品带离先行区使用管理暂行办法》，允许患者在自用的基础上将临床急需进口药品带离先行区。2020年6月2日，海南省人民政府颁布《海南省人民政府关于印发〈海南自由贸易港博鳌乐城国际医疗旅游先行区临床急需进口医疗器械管理规定〉的通知》（琼府〔2020〕28号），规范了临床急需进口医疗器械的特殊审批及监管流程。

2021年9月16日，海南省药品监督管理局、海南省卫生健康委员会、海口海关发布《海南省药品监督管理局 海南省卫生健康委员会海口海关关于〈进一步优化监管服务支持海南博鳌乐城国际医疗旅游先行区高质量发展若干措施〉的通知》（琼药监〔2021〕70号），进一步优化临床急需进口药品及医疗器械的审批流程。2022年6月24日，海南省药品监督管理局、海南省卫生健康委员会发布《海南自由贸易港博鳌乐城国际医疗旅游先行区临床急需进口药品带离使用管理办法》，完善了特许药品带离使用制度。

2023年1月1日，全国首部以立法形式实行医疗药品器械一体化管理的地方性法规《海南自由贸易港博鳌乐城国际医疗旅游先行区医疗药品器械管理规定》正式施行。2023年3月25日，海南省人民政府发布《海南省人民政府关于印发海南自由贸易港博鳌乐城国际医疗旅游先行区临床急需进口药品医疗器械管理规定的通知》（琼府〔2023〕16号），再次通过立法完善了特许医疗药品、器械的管理模式，为先行区构建新发展格局、推动高质量发展提供法治保障。

二、政策解读

（一）药械入区提速，实现患者用药快捷便利

与我国一般药品、医疗器械进口监管制度相比，先行区医疗机构进口临床急需药品、医疗器械的审批权下放到海南省人民政府，审批层级降低和步骤减少意味着临床急需的药品及医疗器械可以更快地被医疗机构在治疗中使用，简化了先行区进口药品和医疗器械进口审批流程，缩短了审批时限，从而减少了药品和医疗器械进口时间，提升了药品和医疗器械进口的便利性。

1. 压缩审批时限

目前我国对进口药品和二类、三类医疗器械均需进行进口注册申请，国家食品药品监督管理部门针对进口药品注册申请的审批时限在370个工作日（不含临床试验时间），对二类、三类医疗器械的进口注册审批时限为80、110个工作日。而先行区实行特殊审批政策，被认定为指定医疗机构的，提出使用临床急需进口药品、医疗器械后，审批时限不超过12个工作日。

2. 建设进口药械保税仓

传统模式下，医疗机构进口临床急需进口药品及医疗器械，须向海南省药品监督管理局申请，经同意后将批文交给海关，才能完成采购，因此每一次采购都需单独审批，效率较低。为此，先行区管理局连同海关，打造了由第三方运营的进口药械公共保税仓，医疗机构可根据未来3—6个月的需求情况，实现进货数量超过批复数量的模式，在仓内提前备货。通过批量进货、提前备货、全程监管的方式，药品及医疗器械当天即可清关出仓运至医疗机构供病人使用。保税仓的设立，从“患者等药”变成了“药等患者”，提高了患者用药的及时性，为患者和医疗机构提供了极大便利。

3. 简化通关手续

针对临床急需进口药品及医疗器械，海口海关不再要求企业提交纸质证书和进行纸面签注，支持电子化通关；同时，临床急需进口药品无须进口检验，医疗器械和列入特殊物品海关商品编号和检验检疫名称对应表的物品，只需办理行政许可，通关手续进一步精简，企业的通关成本得到降低。

（二）带药出区便利，确保区外用药安全实施

1. 允许患者将特许药品带离使用

为了解决患者每次使用临床急需进口药品必须住院的问题，在患者承诺临床急需进口药品仅供自用的基础上，先行区实行将临床急需进口药品带离先行区制度。为防止患者带药出区后进行二次销售，医疗机构开给患者带出园区使用的药品不可有完整外包装，且在包装与说明书上注明仅供该患者使用。

2. 特许药械追溯管理

先行区已建立特许药械追溯管理平台，实现特许药械从申请到流通全程有迹可循，患者带药离院后，需要在特许药械追溯管理平台上实时进行照片或视频记录。特许药械追溯管理平台的完善与数据共享将对先行区药品流弊、追查园外药物违规流通及违规使用提供有力支撑，确保区外用药安全。

（三）首创注册模式，推动全球创新药械入境

先行区在国内首创真实世界数据用于药械注册的新模式。利用特许药械进口使用政策，在满足患者就医用药需求的同时，探索将未经中国注册、经批准在先行区使用的特许药械临床数据，经过科学、严格的设计、采集、处理、分

析和评价后，转化为真实世界证据，用于在中国注册审批。临床真实世界数据应用试点缩短了全球创新药械进入中国市场的时间，降低了注册成本，同时提高国际创新药械企业推动创新药械进入中国的积极性，长远来看也推动了国家药品医疗器械审评审批制度改革，提高全球创新药械在我国临床使用的可行性。

（四）创新监管模式——“医疗+药品”一体化监管

2019年8月，海南博鳌乐城国际医疗旅游先行区医疗药品监督管理局（简称先行区医药监管局）设立。先行区医药监管局是全国首个由卫生和药监部门联合派驻的医疗药品监督管理机构。目前，临床急需进口药品医疗器械在先行区非首次申请的审批由先行区医药监管局审批，同时，先行区医药监管局负责临床急需进口药品带离使用的备案及监督管理工作。海南通过成立“二合一”医疗药品监管局，有效整合医疗和药品监管资源，打破了两个部门分头管理的行政壁垒，提升了监管效能。

三、政策实施

（一）特殊的临床急需进口药品及医疗器械管理

1. 临床急需进口药品及医疗器械首次申报

（1）申报主体：先行区内通过海南省卫生健康委员会资格评估审核的医疗机构。

①资格评估审核条件：

序号	资格评估审核条件
1	依法取得医疗机构执业许可，具备三级甲等医院能力，具备与所申请使用临床急需进口药品医疗器械相适应的专业科室。
2	具有符合临床急需进口药品医疗器械特性和说明书要求的流通、运输及贮存方面的保障措施和管理制度。
3	设置药品医疗器械不良反应监测机构，配备已接受专业培训的专职人员，能够正确履行不良反应/事件监测职责。
4	具有针对临床急需进口药品医疗器械可能发生的严重不良反应/事件的应急预案和处置能力。

②资格评估审核单位：海南省卫生健康委员会

③资格评估审核时限：10个工作日内

（2）申报条件

①申请临床急需进口的药品为先行区医疗机构因临床急需，进口已在境外批准上市，未获我国批准注册、国内已上市品种无法替代的药品（不含疫苗）。同时为体现进口药品的先进性，原则上应进口已在国际人用药品注册技术协调会（ICH）监管成员批准上市的成品。对麻醉药品、精神药品、医疗用毒性药品、放射性药品、药品类易制毒化学品、血液制品等有特殊管理要求的，应当按相关要求执行。

②申请临床急需进口的医疗器械为先行区医疗机构因临床急需，进口已在境外批准上市且我国尚无同品种产品获准注册的医疗器械。包括用于治疗罕见病的医疗器械、用于防治严重危及生命疾病且尚无有效治疗或者预防手段的医疗器械、用于防治严重危及生命疾病且具有明显临床优势的医疗器械，以及其他经审查符合临床急需的医疗器械。

（3）申报材料

序号	材料名称	备注
1	申请书	具体申报材料要求，扫描如下二维码可见： 海南自由贸易港博鳌乐城国际医疗旅游先行区临床急需进口药品医疗器械申报指南
2	资质证明文件	
3	拟进口药品、医疗器械的使用计划文件	
4	专家信息	
5	海南省卫生健康委员会出具的评估同意函	
6	医疗机构承诺书	

（4）审核步骤

步骤	具体内容	办理结果	办理时限
第一步	海南省卫生健康委员会受理指定医疗机构提出的临床急需进口药械使用申请	出具评估意见	5个工作日内
第二步	海南省药品监督管理局受理指定医疗机构提出的临床急需进口药械使用申请	根据评估意见进行审查，并办理行政许可	7个工作日内

（5）申报途径：通过特许药械追溯管理平台提交材料

2. 临床急需进口药品及医疗器械非首次申报

（1）申报主体：先行区内通过海南省卫生健康委员会资格评估审核的医疗机构，具体资格评估审核内容及办理时限见上文。

（2）申报条件：

①申请人应为先行区内持有医疗机构执业许可证的医疗机构，且申请涉及的专业科室应持续符合省卫生健康行政管理部门要求的资格条件。

②申请的临床急需进口药品及医疗器械必须是已经在先行区获批使用的药品医疗器械。

（3）申报材料：

<table>
<tr><th>序号</th><th>材料名称</th><th>备注</th></tr>
<tr><td>1</td><td>申请书</td><td rowspan="5">1. 其中2、3、4项材料如与首次审批时提交内容一致，医疗机构在承诺基础上，无须重复提交该项全部资料，但应提交“医疗机构申请使用临床急需进口药品/医疗器械基本信息表”
2. 具体申报材料要求，扫描如下二维码可见：
海南自由贸易港博鳌乐城国际医疗旅游先行区临床急需进口药品医疗器械申报指南</td></tr>
<tr><td>2</td><td>资质证明文件</td></tr>
<tr><td>3</td><td>拟进口药品医疗器械的使用计划文件</td></tr>
<tr><td>4</td><td>专家信息</td></tr>
<tr><td>5</td><td>医疗机构承诺书</td></tr>
</table>

（4）审批单位：海南博鳌乐城国际医疗旅游先行区医疗药品监督管理局

（5）审批时限：5个工作日

（6）申报途径：通过特许药械追溯管理平台提交材料

（二）临床急需药品带离先行区备案

1. 备案主体：在先行区内符合条件的医疗机构。

2. 申报条件：

（1）申请单位为在先行区内持有医疗机构执业许可证的医疗机构；

（2）申请单位须具备本节第（一）点第1项第（1）款①载明的资格评估审核的条件；

（3）办理临床急需进口药品带离备案申请事务的人员应当具有相应的专业知识，熟悉药品的法律、法规、规章和产品情况；

（4）申请临床急需药品带离先行区使用须同时满足：

序号	内容
1	患者首次使用药品必须在医疗机构内使用，医疗机构应充分进行使用观察，在全面评估基础上方可为患者开具带药离院处方；
2	申请医疗机构必须按要求准备完整备案材料；
3	带出医疗机构的药品必须为自用、合理量的口服、外用、皮下注射的临床急需进口药品，带离数量应限于12周内；
4	带出医疗机构药品的外包装必须为不完整包装或带药离院专用包装，药品的最小独立包装上应贴有追溯码；
5	药品带出医疗机构后，患者必须配合监管和监测工作。

3. 申报材料

<table>
<tr><th>序号</th><th>材料名称</th><th>备注</th></tr>
<tr><td>1</td><td>申请书</td><td rowspan="5">具体申报材料要求，扫描如下二维码可见：
海南自由贸易港博鳌乐城国际医疗旅游先行区临床急需进口药品带离使用备案指南</td></tr>
<tr><td>2</td><td>带药离院方案及应急预案</td></tr>
<tr><td>3</td><td>知情同意书</td></tr>
<tr><td>4</td><td>患者承诺书</td></tr>
<tr><td>5</td><td>必要性论证说明及安全性评估资料</td></tr>
</table>

4. 审核部门：海南博鳌乐城国际医疗旅游先行区医疗药品监督管理局

5. 申报途径：通过特许药械追溯管理平台提交材料

（三）首创药械注册新模式——临床真实世界数据应用试点

临床真实世界数据应用是指先行区医疗机构按照相关管理制度和临床技术规范使用临床急需药品和医疗器械，所取得的临床数据通过严格的数据采集和系统处理、正确的统计分析以及多维度的结果评价，符合我国药品、医疗器械注册申报和监管要求时，可用于产品注册和监管决策的过程。

1. 药品真实世界数据应用试点的申报

（1）申报主体：有意愿在先行区开展药品真实世界研究试点的企业、药品研制机构、医疗机构。

（2）申报方式：向海南省药品监督管理局或者海南博鳌乐城国际医疗旅游先行区管理局提交申请和申报材料。

（3）申报材料：包括但不限于证明性文件、主要研究者信息、研究方案、数据采集与质量控制计划、整体工作计划等。

（4）办理时限：海南省药品监督管理局收到申请和申报资料后45个工作日内向申请企业书面反馈审核结果。

（5）审核结果：经审核符合条件的，海南省药品监督管理局书面通知申请人纳入试点，申请人可按照申报的方案开展药品真实世界研究。

2. 医疗器械真实世界数据应用试点的申报

（1）申报主体：有意愿在先行区开展药品真实世界研究试点的企业。

（2）申报方式：向海南省药品监督管理局或者海南博鳌乐城国际医疗旅游先行区管理局提交申请和申报材料。

（3）申报材料：包括但不限于证明性文件、主要研究者信息、研究方案、数据采集与质量控制计划、整体工作计划等。

（4）办理时限：海南省药品监督管理局收到申请和申报资料后45个工作日内向申请企业书面反馈审核结果。

（5）审核结果：经审核符合条件的，海南省药品监督管理局书面通知申请人纳入试点，申请人可按照申报的方案开展医疗器械真实世界研究。

四、应用实例

（一）临床急需药品应用

“苏金”单抗是全球治疗银屑病效果显著的药物之一，于2015年1月经美国FDA批准上市用于治疗接受全身治疗或光疗的成人患者中至重度斑块型银屑病。2018年，“苏金”单抗创新生物制剂通过“临床急需”通道先行先试落地海南博鳌，为我国长期饱受银屑病之痛的患者提供更高效、安全的治疗新选择。

2018年8月9日，博鳌超级医院进行了中国大陆首例白介素-17A抑制剂司库奇尤（俗称“苏金”）单抗治疗。疗程结束后，患者病痛和并发症将得到长期缓解，达到临床治愈水平。

（二）临床急需医疗器械应用

植入式心脏收缩力调节器（OPTIMIZER Smart）是全球最先进的心力衰竭治疗设备，于2019年3月通过美国FDA批准上市。2019年10月29日，通过“临床急需”通道先行先试落地海南博鳌，为心力衰竭的患者带来了疗效更为确切的治疗选择。

先行区内创造全国第16个首例——我国内地首例新一代心脏收缩力调节器（OPTIMIZER Smart）植入手术在博鳌超级医院完成。博鳌超级医院国际心脏医学中心具备较完善的就诊、手术、心脏康复流程，我国心衰患者在这里可以真正体验国际一流的医疗技术与服务。

（三）临床真实世界数据应用试点成果

氟轻松玻璃体内植入剂由美国EyePoint公司生产，可治疗累及眼后段的慢性非感染性葡萄膜炎，具有眼底局部给药和长达36个月持续稳定释放药物的特点，以及减少疾病复发、传统治疗副作用和提升用药依从性等优点。依托国家赋予先行区的"特许准入，先行先试"的优惠政策，氟轻松玻璃体内植入剂于2019年8月在博鳌超级医院完成国内首次应用，为我国慢性非感染性葡萄膜炎的治疗提供了强有力的治疗支撑。

2020年12月，经海南省药品监督管理局初审后报国家药品监督管理局药品审评中心审核，氟轻松玻璃体内植入剂被纳入海南博鳌乐城真实世界研究试点品种。2022年6月16日，国家药品监督管理局批准该进口品种注册上市，这是我国基于境外临床试验数据及国内患者临床真实世界数据被批准首个进口注册的药品。

附　录

第二章：政策索引

●中共中央、国务院《海南自由贸易港建设总体方案》（2020年6月1日）

●海南省人民代表大会常务委员会《海南自由贸易港国际船舶条例》（海南省人民代表大会常务委员会公告第82号）

●海南海事局《海南自由贸易港国际船舶登记程序规定》（2020年11月3日）

●海南海事局《海南自由贸易港国际船舶登记工作规程》（2021年12月26日）

●《海南省人民政府办公厅关于印发〈海南自由贸易港外国船舶检验机构入级检验监督管理办法〉的通知》（琼府办〔2021〕49号）

●海南海事局《海南自由贸易港国际船舶综合质量评价管理办法》（2023年6月1日起施行）

●海南海事局《外国籍人员参加海南自由贸易港船员培训、考试和申请船员证书管理办法》（2021年10月29日）

●《财政部 海关总署 税务总局关于海南自由贸易港交通工具及游艇“零关税”政策的通知 》（财关税〔2020〕54号）

●《财政部 交通运输部 税务总局关于海南自由贸易港国际运输船舶有关增值税政策的通知》（财税〔2020〕41号）

●财政部、交通运输部、商务部、海关总署、税务总局《关于海南自由贸易港内外贸同船运输境内船舶加注保税油和本地生产燃料油政策的通知》（财税〔2021〕2号）

●洋浦交通运输和海洋局《洋浦内外贸同船运输境内船舶加注不含税油操作指引》（浦交字〔2021〕70号）

●海南海事局《关于实施船舶保税油供受作业便利化海事监管措施的公告》

（2020年第1号）

●《财政部 海关总署 税务总局关于海南自由贸易港试行启运港退税政策的通知》（财税〔2021〕1号）

●国家发展和改革委员会、财政部、国家税务总局《海南自由贸易港新增鼓励类产业目录（2020年本）》（发改地区规〔2021〕120号）

第三章：政策索引

●中共中央、国务院《海南自由贸易港建设总体方案》（2020年6月1日）

●财政部、海关总署、国家税务总局《关于海南自由贸易港交通工具及游艇“零关税”政策的通知》（财关税〔2020〕54号）

●海关总署关于发布《海南自由贸易港交通工具及游艇“零关税”政策海关实施办法（试行）》的公告（海关总署公告2021年第1号）

●海南省人民政府关于印发《海南自由贸易港“零关税”进口交通工具及游艇管理办法（试行）》的通知（琼府〔2020〕60号）

●《海南省交通运输厅关于海南自由贸易港“零关税”交通工具及游艇进口企业资格认定有关事宜的公告》（2021年2月8日）

●海南省交通运输厅、海南省商务厅、海南省公安厅、中华人民共和国海口海关《关于海南自由贸易港“零关税”营运车辆进口及登记指引的公告》（2021年4月12日）

●《海南省交通运输厅关于明确“零关税”进口船舶及游艇管理有关问题的通知》（2021年7月23日）

●海南省交通运输厅关于印发《海南自由贸易港“零关税”营运车辆管理实施细则（试行）》的通知（琼交规字〔2021〕272号）

●国家发展和改革委员会、财政部、国家税务总局关于印发《海南自由贸易港鼓励类产业目录（2020年本）》的通知（发改地区规〔2021〕120号）

第四章：政策索引

●中国人民银行办公厅《关于建设海南自由贸易账户体系的批复》（银办函〔2018〕95号）

●中国人民银行海口中心支行《海南自贸区（港）分账核算业务风险审慎

管理细则（试行）》（琼银发〔2018〕220号）

●中国人民银行海口中心支行《关于促进海南自贸区（港）自由贸易账户业务发展的指导意见》（琼银发〔2019〕36号）

●中国人民银行海口中心支行《关于明确自由贸易账户支持海南发展离岸经贸业务有关事项的通知》（琼银发〔2020〕160号）

●《海南自由贸易账户业务同业操作指引（2021年版）》

第五章：政策索引

●《国家税务总局关于〈关于个人独资企业和合伙企业投资者征收个人所得税的规定〉执行口径的通知》（国税函〔2001〕84号）

●《国家税务总局关于修订部分个人所得税申报表的公告》（国家税务总局公告2019年第46号）

●《财政部 税务点局关于海南自由贸易港高端紧缺人才个人所得税政策的通知》（财税〔2020〕32号）

●《海南省人民政府关于印发〈海南自由贸易港享受个人所得税优惠政策高端紧缺人才清单管理暂行办法〉的通知》（琼府〔2020〕41号）

●《海南省人民政府关于印发〈海南自由贸易港享受个人所得税优惠政策高端紧缺人才清单管理暂行办法〉的通知》（琼府〔2022〕31号）

●《海南省财政厅等关于进一步明确落实海南自由贸易港高端紧缺人才个人所得税优惠政策有关事项的通知》（琼财支财〔2022〕1211号）

第六章：政策索引

●《海南省关于开展合格境外有限合伙人（QFLP）境内股权投资暂行办法》（琼金监函〔2020〕186号）

●《海南省地方金融监督管理局关于外商投资股权投资企业有关事项的补充通知》

●国家外汇管理局发布《国家外汇管理局开展跨境贸易投资高水平开放试点》

●《洋浦经济开发区开展跨境贸易投资高水平开放外汇管理改革试点实施细则》

●《海南省关于开展合格境外有限合伙人（QFLP）余额管理制试点办法》

●《中华人民共和国企业所得税法》

●《中华人民共和国企业所得税法实施条例》

●《关于海南自由贸易港鼓励类产业企业实质性运营有关问题的公告》（国家税务总局海南省税务局2021年第1号公告）

●国家税务总局海南省税务局、海南省财政厅、海南省市场监督管理局《关于海南自由贸易港鼓励类产业企业实质性运营有关问题的补充公告》

●《中华人民共和国个人所得税法》

●《中华人民共和国个人所得税法实施条例》

●海南省发展和改革委员会关于印发《〈海南自由贸易港鼓励类产业目录（2020年本）〉界定指引》的通知（琼发改产业〔2022〕885号）

第七章：政策索引

●《海南省开展合格境内有限合伙人（QDLP）境外投资试点工作暂行办法》（琼金监〔2021〕37号）

●《关于在上海自由贸易试验区临港新片区等部分区域开展跨境贸易投资高水平开放试点的通知》（汇发〔2021〕35号）

●《洋浦经济开发区开展跨境贸易投资高水平开放外汇管理改革试点实施细则》

●《关于海南自由贸易港鼓励类产业企业实质性运营有关问题的公告》（国家税务总局海南省税务局2021年第1号公告）

●国家税务总局海南省税务局、海南省财政厅、海南省市场监督管理局《关于海南自由贸易港鼓励类产业企业实质性运营有关问题的补充公告》

●海南省发展和改革委员会《〈海南自由贸易港鼓励类产业目录（2020年本）〉界定指引》（琼发改产业〔2022〕885号）

第八章：政策索引

●《中华人民共和国中外合作办学条例》（国务院令第709号）

●《中华人民共和国中外合作办学条例实施办法》（教育部令第20号）

●《中华人民共和国民办教育促进法实施条例》（国务院令第741号）

●国家教育委员会《高等学校聘请外国文教专家和外籍教师的规定》（教外

办〔1991〕462号）

●国家外国专家局、国家教育委员会《学校及其他教育机构聘用外籍专业人员管理办法》（外专发〔1996〕82号）

●《海南省教育领域“银发精英”汇聚计划实施方案》（琼教〔2021〕5号）

●《海南省人民政府办公厅关于加快发展生活性服务业促进消费结构升级的实施意见》（琼府办〔2016〕195号）

第九章：政策索引

●《外国人来海南工作许可管理服务暂行办法》（琼府办〔2019〕37号）

●《海南省外国人来华工作许可服务指南（A类）》

●《海南省外国人来华工作许可服务指南（B类）》

●《海南省外国人来华工作许可服务指南（C类）》

●《海南自由贸易港境外人员参加职业资格考试管理办法（试行）》、《海南自由贸易港境外人员执业管理办法（试行）》（琼府〔2020〕44号）

●《海南自由贸易港外籍医师技能认定实施细则（试行）》（琼卫医〔2021〕5号）

●《海南自由贸易港认可境外职业资格目录清单》（琼人才局通〔2020〕30号）

●《外国人来华工作许可服务指南（暂行）》

●《外国医师来华短期行医暂行管理办法》

●《中华人民共和国医师法》

●《海南省事业单位实行协议工资制、年薪制、项目工资分配管理办法（试行）》

●《海南自由贸易港建设总体方案》

●《百万人才进海南行动计划（2018—2025）》（琼发〔2018〕8号）

第十章：政策索引

●《海南经济特区律师条例》（海南省人民代表大会常务委员会公告第36号）

●《海南自由贸易港外商投资准入特别管理措施（负面清单）（2020年版）》（2021年02月01日施行）

●《外国和香港、澳门特别行政区律师事务所驻海南代表机构从事部分涉海南商事非诉讼法律事务正面清单》（琼司通〔2020〕148号）

●海南省司法厅关于印发《海南省中外律师事务所联营实施办法》等四个规范性文件的通知（琼司规〔2019〕1号）

●《海南省中外律师事务所联营实施办法》（2019年11月1日生效）

●《海南省中外律师事务所互派律师担任法律顾问实施办法》（2019年11月1日生效）

●《海南律师事务所聘请外籍律师担任外国法律顾问试行办法》（2019年11月1日生效）

●《香港特别行政区和澳门特别行政区律师事务所与海南律师事务所实行合伙联营的试行办法》（2019年11月1日生效）

●《海口市促进涉外律师业发展奖励办法》（海府办规〔2022〕2号）

●《关于公开征求〈海南自由贸易港向香港开放专业服务市场十条措施〉意见的通知》

●《关于公开征集〈海口市促进琼港合作试点若干措施〉（征求意见稿）意见的通告》

第十一章：政策索引

●《国务院关于同意设立海南博鳌乐城国际医疗旅游先行区的批复》（国函〔2013〕33号）

●《国务院关于在海南博鳌乐城国际医疗旅游先行区暂停实施〈医疗器械监督管理条例〉有关规定的决定》（国发〔2018〕10号）

●《国务院关于在海南博鳌乐城国际医疗旅游先行区暂时调整实施〈中华人民共和国药品管理法实施条例〉有关规定的决定》（国发〔2018〕43号）

●《海南博鳌乐城国际医疗旅游先行区临床真实世界数据应用试点工作实施方案》（琼府办〔2019〕24号）

●《海南自由贸易港博鳌乐城国际医疗旅游先行区条例》（海南省人民代表大会常务委员会第54号公告）

●《海南自由贸易港博鳌乐城国际医疗旅游先行区制度集成创新改革方案》（琼府办〔2020〕33号）

●《海南博鳌乐城国际医疗旅游先行区开展药品真实世界研究试点服务指南》（琼药监注产〔2021〕225号）

●《海南博鳌乐城国际医疗旅游先行区开展医疗器械真实世界研究试点服务指南》（琼药监械〔2021〕95号）

●《关于发布海南博鳌乐城国际医疗旅游先行区开展药品真实世界研究试点服务指南的补充通知》（琼药监注产〔2021〕474号）

●《关于进一步优化监管服务支持海南博鳌乐城国际医疗旅游先行区高质量发展若干措施的通知》（琼药监〔2021〕70号）

●《海南自由贸易港博鳌乐城国际医疗旅游先行区临床急需进口药品带离使用管理办法》（琼药监注产〔2022〕177号）

●《海南自由贸易港博鳌乐城国际医疗旅游先行区临床急需进口药品带离使用备案指南》（乐医药监〔2022〕52号）

●《国家药品监督管理局药品审评中心　海南省药品监督管理局海南博鳌乐城国际医疗旅游先行区管理局开展药品真实世界研究工作实施办法》

●《海南自由贸易港博鳌乐城国际医疗旅游先行区医疗药品器械管理规定》（海南省人民代表大会常务委员会公告第132号）

●《海南省人民政府关于印发海南省自由贸易港博鳌乐城国际医疗旅游先行区临床急需进口药品医疗器械管理规定的通知》（琼府〔2023〕16号）

●《海南自由贸易港博鳌乐城国际医疗旅游先行区临床急需进口药品医疗器械申报指南》（琼药监械〔2023〕66号）

后 记

2018年4月13日，中共中央总书记习近平在庆祝海南建省办经济特区30周年大会上郑重宣布，党中央决定支持海南全岛建设自由贸易试验区，支持海南逐步探索、稳步推进中国特色自由贸易港建设，分步骤、分阶段建立自由贸易港政策和制度体系。自此，海南掀起了建设自由贸易港的热潮。为了创造优良的营商环境，构建人文和生态可持续发展的中国特色自由贸易港，海南省出台了一系列创新性政策，并确立了以旅游业、现代服务业、高新技术产业和热带特色高效农业为主导的四大产业体系，不断夯实实体经济基础，增强产业竞争力。而作为海南四大产业之一的现代服务业是海南经济增长的强引擎，是城市转型发展的“助推器”，加快现代服务业发展对优化经济结构、增进民生福祉具有重要意义。

作为四大主导产业指南丛书之一，《利用海南自由贸易港政策发展现代服务业指南》（简称指南）便是在海南自由贸易港建设如火如荼、集成创新政策层出不穷的背景下，为了便于投资者、相关利益主体和各界群众充分了解海南发展服务业的相关政策，提高政策的能见度而推出。指南由海南省商务厅负责组织及选题，北京万商天勤（海口）律师事务所负责编撰。由于编写时间仓促和水平有限，不足之处在所难免，敬请读者谅解并批评指正。

海南省商务厅

北京万商天勤（海口）律师事务所

2023年8月10日